TEATRO GREGO
OS GRANDES CLÁSSICOS

MEDEIA

❖ ❖ ❖

AS BACANTES

❖ ❖ ❖

AS TROIANAS

❖ ❖ ❖

EURÍPEDES

TRADUÇÃO
David Jardim Júnior

INTRODUÇÃO
Assis Brasil

EDITORA
NOVA
FRONTEIRA

Direitos de edição da obra em língua portuguesa no Brasil adquiridos pela EDITORA NOVA FRONTEIRA PARTICIPAÇÕES S.A. Todos os direitos reservados. Nenhuma parte desta obra pode ser apropriada e estocada em sistema de banco de dados ou processo similar, em qualquer forma ou meio, seja eletrônico, de fotocópia, gravação etc., sem a permissão do detentor do copirraite.

EDITORA NOVA FRONTEIRA PARTICIPAÇÕES S.A.
Rua Candelária, 60 — 7º andar — Centro — 20091-020
Rio de Janeiro — RJ — Brasil
Tel.: (21) 3882-8200

DADOS INTERNACIONAIS DE CATALOGAÇÃO NA PUBLICAÇÃO (CIP)

E89m   Eurípedes
        Medeia, as bacantes e as troianas / Eurípedes ; traduzido por David Jardim Júnior. – 2.ed. – Rio de Janeiro : Nova Fronteira, 2021.
        152 p. ; (Teatro Grego)

ISBN: 978-65-5640-322-9

1. Peças de teatro. I. Jardim Júnior, David. II. Título.

CDD: 882
CDU: 82-2

André Queiroz – CRB-4/2242

SUMÁRIO

Prefácio
6

Medeia
13

As Bacantes
67

As Troianas
109

PREFÁCIO

MEDEIA ~ AS BACANTES ~ AS TROIANAS

Os gregos, cultores dos esportes e das artes, elegiam o teatro em primeiro lugar, por saberem que tal gênero de representação poderia dar a dimensão analítica e psicológica da tragicomédia humana. E, nesse sentido, foram mestres, irradiando a obra de seus autores para todo o mundo.

No gênero da dramaturgia primitiva, a predileção dos gregos ia para as tragédias, mas não totalmente violentas e cheias de sangue, como muitos podem pensar. As tragédias, como lei e como norma, traziam sempre um traço de comédia e muitas cenas leves. Quase sempre no final há um quadro cômico, para arrefecer um pouco os quadros de barulho e fúria anteriores.

O teatro ateniense, na Acrópole, era um imenso edifício sem cobertura — uma espécie de Maracanãzinho — e sem o palco tradicional que conhecemos. A representação era feita num picadeiro parecido com o de um circo, uma arena, onde os atores podiam ser vistos de todos os lados. E eram vistos, quase sempre, por uma plateia de mais de vinte mil pessoas. Os espetáculos, no teatro de Atenas, duravam dois dias no inverno e dois dias na primavera.

Eurípedes foi considerado o primeiro dramaturgo grego a se interessar pelos problemas femininos, tratando os personagens com individualidade e análise psicológica. Foge do enredo pelo enredo, dos outros escritores, seus contemporâneos. O fato: era um feminista dois mil anos antes de surgir o termo.

Nascido em Salamina, em 480 a.C., e morto na Macedônia, Eurípedes em 406 a.C., sobre seu desaparecimento foi criada uma lenda, que tem algo a ver com sua posição feminista: para alguns estudiosos teria sido morto por cães raivosos, mas outros afirmam que foi assassinado por um grupo de mulheres da velha estirpe tradicional. "Ele tentou auxiliá-las e elas lhe pagaram com maldição. Ofereceu-lhes alimento e elas morderam a mão que as alimentou."

Os pais eram de origem modesta, mas Eurípedes recebeu instrução e educação aprimorada. Como todo grego de sua época, quando jovem se dedicou aos esportes, sobressaindo-se entre muitos atletas. A sua estreia no teatro aconteceu no ano 455 a.C., com a peça *As Filhas de Pélias*.

Eurípedes escreveu cerca de noventa peças de teatro, sendo que apenas dezoito chegaram até nossos dias, e constantemente representadas, não só por grupos profissionais, mas por equipes de amadores, que muito têm a aprender com sua técnica e sua concepção de dramaturgia clássica. Além disso, estudou filosofia e ciências, o que claramente mostra por meio de suas obras.

Outro destaque para Eurípedes, em relação aos seus contemporâneos: não se limita a reescrever as famosas histórias mitológicas de seu povo. Vai mais além, ou seja, cria personagens reais, do dia a dia grego, como a sofrida Medeia. E quando incursiona por personagens lendários do passado, passando pelas lendas de Tebas e de Argos, e pelas aventuras de Hércules, sempre o faz de um ponto de vista novo, original.

Assim, como feminista e dando novos valores às mulheres, são elas que se destacam nas obras de Eurípedes. Mulheres de personalidade forte, trágica e heróica, como Alceste, Hécuba, Macária, Medeia. Mesmo ao tratar das mulheres como representantes de um povo, como no caso de *As Troianas*, é em Hécuba, individualmente, que o autor centraliza as melhores qualidades femininas.

Já no caso de *As Bacantes*, e ainda em relação às observações anteriores, Eurípedes mostra o trabalho sacerdotal de algumas mulheres especiais, que têm o poder de decidir entre a vida e a morte, não fossem elas consagradas aos mistérios dos deuses gregos — na peça, é o culto a Dionísio o que o autor mostra em belíssimos diálogos e fortes coros de ritmo marcante.

A peça *Medeia*, no entanto, se tornou muito popular, sendo reescrita, a partir de sua temática trágica, por vários escritores contemporâneos. Na obra, acompanhamos o destino medonho de Medeia, mulher de Jasão, o descobridor do famoso Velocino de Ouro, que se une à mulher para enganá-la e abandoná-la com seus filhos.

Pretendendo se casar com uma princesa, Jasão humilha Medeia de todas as formas. Ela, então, resolve se vingar — e será uma vingança atroz e selvagem. Primeiro, envia à noiva um belo vestido de casamento, totalmente embebido em forte veneno. Não satisfeita, mata os próprios filhos, pois o pai, Jasão, era muito apegado a eles.

A cena do assassinato das crianças é das mais violentas e belas do ponto de vista literário. "É absolutamente necessário que eles morram — diz Medeia — Já que assim é, eu os matarei, eu que os pari. Vamos, meu coração, torna-te duro como o aço, arma-te. Por que terei eu de fazer isso? Não fazer uma coisa horrível, mas inevitável, seria pusilanimidade. Vamos, segura a espada, minha infausta mão! Toma-a e leva ao extremo o horrendo curso de tua vida e não representes o papel dos fracos pensando nos filhos e quão queridos são e como os criaste! Esquece teus filhos pois o dia é curto e depois lamenta, derrama lágrimas mais tarde."

Medeia se prepara psicologicamente e depois vem o barulho e a fúria do assassinato das crianças, visto através da lamentação do coro, cujas mulheres, como carpideiras, se agitam e gritam. "Desgraçada mulher — diz o coro — és então como o rochedo ou o ferro, matas no plano arquitetado por tuas próprias mãos os filhos que tu mesma geraste!"

Nos tempos modernos, como já dissemos, o tema trágico de Medeia já foi aproveitado, por exemplo, pelo romancista norte-

-americano, William Faulkner, com a obra — misto de romance e peça de teatro — *Requiem For a Nun*, traduzido e encenado no Brasil com o título de *Oração Para Uma Negra*. O nosso compositor, Chico Buarque de Holanda, se valeu também do tema de *Medeia* para criar a peça musicada, junto com Paulo Pontes, *Gota d'Água*. A antiga e atual história de Medeia é transposta para uma favela carioca.

Na verdade, o ponto de partida para a peça de Chico e Ponte foi um quadro, levado à televisão, de autoria de Oduvaldo Vianna Filho, que reescreveu muitas peças clássicas e modernas para a TV. Sobre a Medeia dos brasileiros, foi então feito um paralelo: assim como a Medeia grega é uma história de reis e feiticeiros, *Gota d'Água* é uma história de pobres e macumbeiros. Uma realidade bem nossa, mas que é também "a realidade de todos os pequenos deste mundo, aqueles que sofrem na cante as contradições e as injustiças de uma sociedade sorridente, mas implacável com os seus humilhados e ofendidos".

Além desses autores — destacando a dimensão trágica do destino vingativo de Medeia — outros desenvolveram as suas versões a partir do drama de Eurípedes, como Sêneca, Corneille e Anouil, representantes de três momentos da evolução da dramaturgia no mundo. A peça de Sêneca rastreia de perto a peça de Eurípedes, não tivessem os romanos bebido em toda a cultura grega.

As Bacantes e *As Troianas* complementam esta trilogia trágica de mulheres excepcionais, quer do ponto de vista individual, quer do ponto de vista social e mitológico, ou religioso. *As Bacantes* mostram mesmo a origem da tragédia grega, que veio de uma poesia lírica celebrada nos festejos dedicados a Baco, o deus do vinho. Só muito mais tarde assumiria a forma teatral com Eurípedes, Ésquilo e Sófocles.

As Bacantes foi a última peça escrita por Eurípedes, quando se encontrava exilado na Macedônia, onde viria a morrer. Assim, a obra só foi representada, em Atenas, depois de sua morte. As Sacerdotizas estão em primeiro plano na peça, as adoradoras de Baco — esta tragédia é sobre a morte de Penteu, rei de Tebas, por não ter aceitado o culto de Dionísio. Assim, é dilacerado pelas Bacantes. Elas eram terríveis, fortes como touros e poderiam dilacerar qualquer coisa.

O choque para o espectador é que uma das Bacantes é a própria mãe de Penteu e é ela que começa o sacrifício. Ele ainda diz, angustiado: "Sou teu filho, mãe, Penteu, que geraste em casa de Equion. Tenha piedade de mim, minha mãe; por causa de meus pecados, não mates teu filho." A mãe, no entanto, está possuída por Baco, olhos arregalados, boca espumante. "Foi tudo um tumulto selvagem." A mãe começa por arrancar o braço esquerdo do filho, separando a mão. As outras Bacantes, então, entram em cena para completar o dilaceramento do corpo de Penteu. "Todas, com as mãos ensanguentadas, brincavam de jogar bola com a carne de Penteu." Tudo muito trágico, muito grego.

As Troianas foi apresentada no ano 415 a.C. Os gregos ainda estão acampados em torno de Troia, que resistiu a dez anos de sítio, mas agora está em chamas e foi invadida, por causa do ardil de Ulisses, pelo cavalo de madeira. Os heróis gregos estão cansados e querem voltar à pátria, mas ainda falta arrebatarem um despojo importante: as mulheres da cidade, as troianas.

Hécuba espera pelo seu destino. "Isto não é mais Troia, nem somos a família real de Troia. A fortuna varia: sê brava. Navega com a corrente, navega com o vento do destino. Não enfrentes com o navio da vida os vagalhões do infortúnio. Ah! Eu choro. Perdi minha pátria, meus filhos, meu marido."

As troianas são escolhidas por vários heróis gregos para serem escravas ou concubinas. Toda a peça gira em torno dessa escolha, tendo a curiosidade de Hécuba como ponto central. O Rei Agamenon fica com Cassandra; Polixena foi destinada a servir no túmulo de Aquiles; Andrômaca fica com o filho de Aquiles; e Hécuba afinal sabe que irá para Ítaca como escrava de Odisseu (Ulisses). "Ai de mim — lamenta Hécuba — um canalha abominável, traiçoeiro, tornou-se meu senhor, um inimigo da justiça, um bruto sem escrúpulos."

O teatro dos gregos é um dos poucos que podem ser lidos e apreciados em sua beleza literária e trágica — a sua fruição na arena da Acrópole seria um detalhe a mais, no conjunto das peças, onde os atores e a veemência dos diálogos e coros complementariam esse hino de louvor estarrecido e admiração reticente da condição humana.

Medeia, *As Bacantes*, *As Troianas*, três momentos altos da literatura clássica grega, três peças para o gosto de qualquer leitor inteligente, que sabe que pode ver na arte o mais legítimo documento humano, seja ele de inspiração mitológica ou realista.

— Assis Brasil

MEDEIA

PERSONAGENS

A Ama:
*Uma velha dama de origem bárbara,
atendente de Medeia.*

O Pedagogo:
Preceptor grego dos filhos de Medeia.

Medeia:
Uma bela feiticeira bárbara.

Coro:
Composto de quinze damas coríntias.

Creon:
Governante de Corinto.

Jasão:
*Herói da expedição dos Argonautas em busca do
Velocino de Ouro, amante de Medeia.*

Egeu:
*Desajeitado peregrino ao santuário de Apolo
e Príncipe em Atenas.*

Mensageiro.

Dois Filhos de Medeia.

Cena:
Diante da casa de Medeia, em Corinto.

Época:
*Uma ou duas gerações antes
do Sítio de Troia.*

ATO I

A cena representa a casa de Medeia em Corinto. É uma suntuosa mansão um tanto ao fundo. Em sua frente, há um jardim, sombreado por lindas folhagens. Um caminho leva da porta da frente até o portão. É de manhã.

A porta de entrada da casa é aberta devagar pela Ama, que é uma mulher idosa, de origem não grega, com um aspecto vulgar. Usa um vestido comprido, que lhe chega aos pés. Caminha vagarosamente até o portão e se debruça sobre ele, olhando para a direita e para a esquerda, como se esperasse alguém.

AMA *(fala com um sotaque que mostra que ela não é de Corinto e não conhece muito bem o idioma da região)*: Oh! Não tivesse o casco do navio Argos flutuado sobre o mar azul até a terra da Cólchida e nem tivesse tombado o pinheiro cortado nos vales do Pélion, nem tivesse sido equipado com remos nas mãos dos homens mais valorosos que juntos foram em procura do Velocino de Ouro para Pélias!

Assim, a minha senhora, Medeia, ferida no coração pelo amor por Jasão, não teria viajado rumo às torres da terra de Jolco e não estaria habitando, com seu marido e seus filhos, esta terra de Corinto, depois de persuadir as filhas de Pélias a matarem seu pai. *(Pélias — que não deve ser confundido com outro herói chamado Peleu — foi cortado em pedaços e cozinhado por suas filhas, instigadas por Medeia, que lhes disse que, desse modo, fariam com que seu idoso pai rejuvenescesse).* Por um lado, ela agradou aos cidadãos para cuja terra veio, e, por outro, estava de acordo com Jasão a respeito de tudo. Essa é a maior de todas as proteções: não estar a esposa em desavença com o marido.

Agora, tudo é inimizade, e ela está sofrendo, exatamente por causa das coisas que lhe são mais queridas.

Eis que Jasão, traindo os próprios filhos e minha ama, contraiu núpcias reais, tendo desposado a filha de Creon, que governa esta terra. Medeia, a infortunada, a desprezada, clama a respeito dos votos feitos para consigo e invoca a fidelidade sagrada que lhes é devida e suplica aos deuses que testemunhem a recompensa que está recebendo de Jasão.

Jaz prostrada, sem se alimentar, entregando o corpo ao sofrimento, coberta de lágrimas desde o momento em que soube que fora traída pelo marido. Não abre os olhos, nem levanta o rosto do chão. Quando advertida, olha para os amigos como se fosse uma pedra ou uma onda do mar. Mal se move com o alvo pescoço e lamenta consigo mesma, em um suspiro, seu querido pai e sua terra natal e seu lar, que traiu para vir para cá com o homem que agora a despreza.

A infortunada aprendeu com a desgraça o que é não deixar o solo da pátria. Ela passou a detestar os filhos e não se compraz em vê-los.

Estou temerosa de que ela não esteja meditando algum novo mal. Sua disposição é selvagem e não suportará ser maltratada. Eu a conheço. Tenho medo dela! Que não atravesse o fígado com uma afiada espada, depois de ter silenciosamente atravessado a casa até a sua cama, ou mesmo que não mate a princesa e o príncipe que a desposou *(Jasão)* e provoque uma desgraça ainda maior.

Ela é uma mulher terrível! *(A Ama, além de seus gestos grotescos e do sotaque, tornou-se ainda mais ridícula por sua expressão fisionômica).* Quem quer lutar contra ela não alcançará a vitória facilmente. *(Depois de olhar para a rua, lança uma exclamação).* Mas aí vêm os meninos, depois de terem brincado com os seus arcos, sem desconfiarem do sofrimento de sua mãe. Os espíritos jovens não gostam de sofrer.

Aparece o Pedagogo, com os dois filhos de Medeia. O Pedagogo é um preceptor, que exerce uma junção de confiança na casa, embora possa ser escravo, e é responsável pela educação e pelo bem-estar das crianças.

Esse Pedagogo é um homem mais ou menos velho, circunspecto, usando uma túnica simples. As crianças que estão com ele são dois meninos muito vivos, que usam vestes curtas.

PEDAGOGO: Antiga possessão *(isto é, velha escrava)* da casa de minha senhora, por que estás de pé na porta, em vigília na solidão? Estás lamentando os teus próprios males? O que aconteceu para que Medeia queira ser abandonada por ti e ficar só? *(Deixados à vontade, os meninos brincam junto à porta de entrada).*

AMA: Idoso companheiro dos filhos de Jasão, as questões dos senhores, quando tomam um rumo mau, constituem igualmente um infortúnio para os bons servidores e lhes tocam o coração. Cheguei a esse ponto em que o sofrimento me obrigou a vir até aqui, a fim de confiar ao céu e à terra o infortúnio de minha senhora.

PEDAGOGO: A infortunada ainda não cessou de chorar?

AMA: Eu te invejo (por tua feliz ignorância)! O infortúnio está no começo e de modo algum já chegou à metade.

PEDAGOGO: Tola! É lícito falar dessa maneira a respeito de tua senhora? Eis que ela não sabe ainda as últimas desgraças.

AMA: O que é, ancião? Não receies falar.

PEDAGOGO: Não é nada. Lamento o que já disse.

AMA: Não escondas coisa alguma de uma colega de escravidão. Peço-te pelo teu queixo!... *(Encosta a mão na barba do velho, como um ato de súplica).* Se for preciso, guardarei silêncio acerca de tais coisas.

PEDAGOGO: Ouvi alguém dizer — sem parecer escutar — quando fui ao lugar onde se jogam os dados, e onde se sentam os velhos junto da água sagrada de Peirene *(uma fonte de Corinto formada pelas lágrimas derramadas pela ninfa do mesmo nome)*, que o governante desta terra, Creon, vai expulsar desta cidade de Corinto estas crianças, com sua mãe *(Aponta para os meninos).* Não sei se isso é verdade. Espero que não seja.

AMA: E Jasão permitirá que seus filhos sofram tal coisa, ainda que tenha uma divergência com sua mãe?

PEDAGOGO: Ora! Os velhos laços são deixados pelos novos. Aquela pessoa *(refere-se a Creon)* não é amigo deste lar.

AMA: Então, estamos perdidos, se acrescentarmos uma nova calamidade à antiga, antes de a termos esgotado!

PEDAGOGO: De qualquer maneira, porém, fica quieta e não abras a boca, até que chegue a ocasião de nossa senhora saber disso.

AMA: Oh, crianças, ouviram o que vosso pai se tornou para vós? *(Dirige-se aos meninos, que continuam brincando).* No entanto, que ele jamais pareça, pois é meu senhor. De qualquer maneira, foi apanhado no ato de estar fazendo mal aos amigos.

PEDAGOGO: Quem dos mortais não é? Ainda não aprendeste até agora que todo homem ama a si mesmo mais do que ao próximo, alguns por bons motivos e outros pela cobiça, e que o pai destas crianças não as ama por causa de seu novo casamento?

AMA *(Dirigindo-se aos meninos)*: Crianças, ide para dentro de casa. É melhor *(Ao Pedagogo)*. Quanto a ti procura mantê-las afastadas o mais possível e não as leves para perto de sua agitada mãe. Eu a vi agora mesmo em tal estado, que dava a impressão de que estava querendo fazer alguma coisa com esses pobrezinhos. Sei muito bem que ela não apaziguará a sua ira, enquanto não tiver feito algo de grave contra alguém. Espero que faça alguma coisa a seus inimigos, e não aos amigos. *(Ouvem-se lamentos vindos de dentro da casa e a Ama e o Pedagogo estremecem ao ouvirem a voz de Medeia).*

MEDEIA *(Dentro de casa)*: Oh! Infeliz mulher, miserável criatura que sou! Oh! Oh! Como posso perecer!

AMA: É ela, queridas crianças! Vossa mãe tem a cabeça agitada e manifesta a sua ira. Entrai depressa e não vos aproximeis para que ela vos veja, e tratai de evitar as manifestações do seu gênio furioso e de sua mentalidade arrogante. Ide, agora! Entrai tão depressa quanto puderdes. É evidente que os seus gritos são o começo de uma nuvem que em breve se inflamará com o calor de sua ira. *(Aqui, como sempre na linguagem da Ama, temos as suas imagens bárbaras transformadas em palavras poéticas, mas intraduzíveis).* O que irá jamais fazer aquela alma de grandes paixões, difícil de ser aplacada quando ferida pelo infortúnio? *(O Pedagogo apressa-se a entrar na casa com as crianças).*

MEDEIA *(dentro)*: Oh! Sofri, infortunada que sou, sofri coisas que exigem dolorosos lamentos. Oh, amaldiçoados filhos de uma mãe odienta, que pereçais, juntamente com o vosso pai, e que toda a casa se arruíne!

AMA: Ai de mim! Infeliz que sou! Mas por que essas crianças compartilham, aos teus olhos, a culpa de seu pai? Por que as odeias? Ah, crianças! O que sofro ao pensar que podereis sofrer algum mal! Os caprichos dos poderosos são terríveis, e sendo governados por poucas coisas e governando muitas, dificilmente eles dominam a sua ira. É melhor estar-se acostumado a viver em um plano de igualdade. Oxalá fosse o meu destino o de envelhecer entre aqueles que não são poderosos ou grandes. Moderação — eis a mais bela coisa que se pode mencionar à maior bênção para os homens. A grandeza e as coisas que são superiores a outras em poder, não são convenientes ou oportunas para a humanidade. Na verdade, levam as maiores catástrofes às famílias, quando uma divindade se enraivece contra elas. *(Também aqui as palavras da Ama são demasiadamente idiomáticas para serem adequadamente traduzidas).*

Enquanto a Ama se entrega ao seu solilóquio, algumas mulheres de Corinto, atraídas pelo crescente barulho dentro de casa, e com curiosidade de saberem o que vai acontecer, ajuntam-se junto do portão. Essas coríntias são cerca de quinze e conhecidas tecnicamente por "Coro". Usam vestes ondulantes muito coloridas de acordo com o estilo coríntio. Não se deve presumir que as componentes do Coro falem todas ao mesmo tempo.

CORO: Ouço a voz, ouço os gritos da desventurada filha da Cólchida. Ela ainda não se acalmou. Mas fala, velha! *(Ajuntam-se em torno da Ama).* Ouvi gemidos e lamentos dentro da casa de duas portas *(Alusão à arquitetura da mansão, que tinha um pátio do qual se abria uma porta para um vestíbulo interior e a outra porta para a rua).* Não me regozijo, mulher, com as lamentações deste lar, porque ele se tornou para mim uma coisa amada.

AMA: Este já não é um lar. Essa espécie de coisa aqui já terminou. O homem nos foi arrebatado por seu casamento real e a senhora está em seu leito amaldiçoando a vida, com o espírito não influenciado e não consolado por qualquer palavra de conforto dos amigos.

MEDEIA *(de dentro)*: Ah! Oxalá a chama celeste me atravessasse a cabeça! *(Espera ser atingida pelo raio).* O que me vale ainda estar viva? Ai! Ai! Oxalá me liberte, pela morte, de uma vida odiosa, abandonando-a. *(Observe-se a maneira altamente idiomática de dizer que seria libertada pela morte de uma vida odiosa).*

(O Coro e a Ama trocam olhares consternados).

CORO: Ouvistes, Jove, Terra e Luz que cântico de desespero entoa a desventurada jovem? *(Observe-se a referência à ideia grega de que a conversa é realmente um cântico, pois os antigos gregos às vezes imprimiam melodia e ritmo às suas conversas).* Oh! ser insensato! O amor te arrebatou ao horrível leito da morte! Não tardará o fato consumado da morte. Reza para que não venha. *(O Coro eleva as vozes cada vez mais, de maneira que Medeia possa ouvir de dentro da casa).* Se teu esposo santifica um novo matrimônio não te voltes contra ele por isso. Jove será para ti, nesse caso, o campeão. Não te desgastes pranteando teu marido.

(Estas observações pelo coro não podem ser consideradas como "odes", seja o que for que os pedantes possam nos dizer. Uma mulher diz uma coisa. A frase seguinte é falada por outra mulher. Assim se dá. O grupo de mulheres, uma a uma, faz sugestões ou diz palavras de animação. A incapacidade de se compreender esse aspecto do coro torna ininteligíveis algumas tragédias gregas).

MEDEIA *(de dentro)*: Ó grande Jove e venerável Têmis! Vede o que sofro, embora prenda a mim por poderosos juramentos meu pérfido marido! Oxalá possa eu ver o dia em que ele e sua nova esposa sejam despedaçados com o seu próprio palácio, eles, os primeiros que ousaram me fazer injustiça! Oh! meu pai e minha pátria, de onde fugi vergonhosamente, depois de ter matado meu irmão!

AMA: Ouvistes o que ela diz e como invoca em altos gritos, Têmis, deusa das promessas solenes, e Jove, a quem compete administrar os juramentos dos mortais? Não há meios graças aos quais a minha senhora possa ser apaziguada em sua ira o mínimo que seja...

CORO: E se ela pudesse vir à nossa presença a fim de receber a manifestação das palavras pronunciadas em voz alta de modo que pudesse dominar a tremenda paixão e acalmar a agitação de seus pensamentos? Eis que jamais meu próprio bem possa faltar aos meus amigos! Vai, pois! Traze-a para fora da casa e dize-lhe que aqui estão as suas amigas. Apressa-te, antes que ela faça algum mal aos que estão lá dentro. Eis que a sua dor corre impetuosamente.

AMA: Assim farei. No entanto, receio que não consiga persuadir a minha senhora. Enfrentarei esse desprazer para vos agradar. Ela volta para os seus servos o olhar furioso de uma leoa que acaba de pôr no mundo os seus filhotes, quando alguém se aproxima dela e pronuncia uma palavra. Não errareis se disserdes que os homens dos velhos tempos foram ineptos e de modo algum bem aconselhados, quando inventaram os cânticos como uma coisa deliciosa para se ouvir no decorrer da vida, tanto nas festas e festivais, como depois dos grandes banquetes. Ninguém ainda encontrou um meio de apaziguar graças à música e às variadas cordas da lira os odiosos sofrimentos dos mortais em virtude dos quais homicídios e males terríveis dominam os nossos lares. E, no entanto, há algumas vantagens em consolar os homens como o canto. Quando as festas já estão repletas de alegria, por que em vão entoar uma voz lamentosa, já que a satisfação trazida pelo repasto tem só por si mesma um encanto para os mortais? *(A ignorância da vida grega por parte da mulher bárbara é salientada e ela torna ainda mais ridícula sua ignorância da música com seu sotaque e sua gesticulação, enquanto caminha entrando na casa. O contraste entre a ignorância dos bárbaros e a cultura dos gregos é personificada nessa Ama).*

CORO: Ouvi o queixoso som de sua dor. Ela profere agudos e dolorosos gritos contra seu covarde marido, traidor do tálamo. Ela invoca, depois de receber essa afronta, a filha de Jove, Têmis, guardiã dos juramentos, que a conduziu além dos estreitos para a Hélade, através das vagas, retrocedendo para a salgada barreira do mar inacessível. *(A questão é que Medeia, vinda da Cólchida para a Hélade — a Grécia — passou através do Mar de Mármara e do Helesponto).*

ATO II

Ainda estamos diante da casa de Medeia, em Corinto, e o intervalo entre o ato anterior e este é tão curto que as mulheres formando o Coro ainda estão esperando Medeia.

Medeia, depois de mais alguns gritos, sai de repente da porta da frente da casa, acompanhada por algumas mulheres, suas atendentes. Medeia é uma mulher extremamente bela, de grande distinção nos trajes, mostrando-se de uma beleza madura. É bastante morena e parece muito geniosa. Nada tem na cabeça, além da massa dos cabelos negros. Traja um vestido de seda carmezim bordado, que cai em dobras até os pés, mas preso na cintura por uma faixa.

Durante um momento, guardando silêncio mortal, Medeia corre os olhos pela cena, depois caminha para o portão.

MEDEIA: Damas coríntias, vim de minha casa se não terdes motivo de queixa contra mim. Muitos seres humanos, eu sei — sejam aqueles que vi com os meus próprios olhos ou sejam os que vivem em terras estrangeiras —, têm-se mantido afastados em orgulhosa atitude de reserva, e esses adquiriram, em razão de seus pés inativos *(por não se moverem)* um mau nome e a reputação de serem indiferentes *(ao seu bom nome)*. Eis que a justiça não pode ser encontrada a respeito dos mortais. Antes de ser bem conhecido o caráter de um homem, ele é odiado à primeira vista, sem haver razão de queixa contra ele. Ora, o forasteiro deve se ajustar o melhor que possa à mentalidade da cidade onde mora. Nem vejo com bons olhos o nativo que, sendo demasiadamente orgulhoso, se torna impopular entre seus conterrâneos.

No que me diz respeito, um infortúnio se abateu sobre mim e dilacerou meu coração. Tudo acabou para mim. Perco todo prazer de viver e quero morrer, minhas caras amigas. Eis que aquele que era tudo para mim, como vejo muito bem agora, tornou-se para mim o pior dos homens, ele, meu marido!

De todas as criaturas que jamais têm vivido e pensado, nós mulheres somos as mais desgraçadas.

Antes de mais nada, temos, custe o que custar, de arranjar um marido e escolher para nós mesmas um senhor, sendo esse último mal ainda pior que o outro. Ora, há um imenso risco que se corre nisso, de se escolher um bom ou um mau, pois as separações não são honrosas para as mulheres e não é possível repudiar um marido. Quando alteramos a nossa existência e as nossas leis, precisamos ter a arte dos mágicos para tirarmos toda a vantagem possível do fato de termos um marido, embora não estejamos devidamente preparadas para isso. Se os nossos esforços são coroados de sucesso, se o marido que escolhemos compartilha de boa fé o jugo do casamento ao nosso lado, o nosso destino é digno de inveja. Se for o contrário, é preferível morrer.

Quando um homem se cansa da vida doméstica, procura consolo para o seu aborrecimento na sociedade de um amigo ou camarada. Nós, mulheres, não temos mais que uma alma, um companheiro para procurar. Dizem que nós mulheres pasamos uma vida sem perigos no lar enquanto os homens lutam de lança em punho. Argumenta mal quem assim raciocina. Quanto a mim, preferiria estar três vezes no campo de batalha com um escudo na mão do que dar à luz uma criança uma vez.

No entanto, o mesmo raciocínio não pode ser aplicado igualmente a mim e a vós. Vós tendes uma terra natal e nela um lar paterno, os confortos da vida e a sociedade de vossas amigas. Eu estou solitária, sem uma pátria, ultrajada pelo marido que me trouxe como presa para uma terra estrangeira, sem ter mãe nem irmão, nem parente junto ao qual possa me proteger contra a desgraça que caiu sobre mim.

Isso é tudo que quero. Se eu encontrar algum meio, algum plano para compelir meu marido a expiar o mal que me fez e punir ao mesmo tempo aquele que deu sua filha a meu marido, e também aquela filha, que se casou com ele, guardai o segredo para mim. Eis que a mulher é tímida, pouco disposta para o combate ou mal equipada para a luta é incapaz de suportar a vista das armas — no entanto, se for ultrajada em seu tálamo não há mente tão sanguinária como a sua.

(A fala de Medeia apresenta dificuldades para o tradutor, em parte porque o texto apresenta lacunas em alguns pontos, mas principalmente devido à personalidade que lhe é atribuída na tragédia. Medeia era uma das famosas praticantes da magia da Antiguidade, que se apaixonou por Jasão e praticou para ele toda a sorte de maravilhas, com a condição de que ele a desposasse e a levasse para a Grécia. Jasão conseguiu o Velocino de Ouro com a ajuda de Medeia. Sendo ela uma bárbara e ele grego, seu casamento não seria válido aos olhos dos patrícios de Jasão).

Quando terminou sua longa fala dirigida às mulheres, no portão, Medeia se desfez em lágrimas.

CORO *(compadecido)*: Farei como desejas. É lícito para ti punires esse teu marido, Medeia. Não me surpreendo que chores por teus males. *(As mulheres do portão tomam consciência da chegada de mais alguém em cena).* Mas vejo Creon, rei deste país, aproximando-se como o portador de notícias frescas, o núncio de novas decisões.

Creon entra com passos firmes, cercado por sua guarda. É um homem de porte majestoso, alto e imponente, mas não arrogante. Usa uma túnica branca, tendo por cima um manto de púrpura. Traz um elmo empenhachado e uma espada. Tem cerca de cinquenta anos. Esse Creon, soberano de Corinto, não deve ser confundido com o não menos célebre Creon que era rei de Tebas no tempo de Édipo e de Antígona e seus infortunados irmãos.

CREON: Mulher de semblante sombrio, tu, que estás irada contra teu marido, Medeia, decidi que deves deixar esta terra, que deves ser exilada com teus dois filhos, e isso sem demora. Serei eu mesmo o executante dessa ordem, e não voltarei a meu palácio enquanto não te houver expulsado deste país.

MEDEIA: Ah! Estou perdida, infortunada que sou, estou morrendo! Eis que aqui meus inimigos deram a si mesmos toda a corda de que precisam e não há meio de sair de uma desgraça toda preparada para mim. *(Palavras de interpretação difícil, baseadas na antiga prática náutica).* Perguntarei, não obstante, Creon, embora sofra muito por tua causa, por que estás me expulsando desta terra?

CREON: Temo-te, e não me convém também ser envolvido em palavras, para que não prepares algum mal irremediável contra minha filha. Muitas razões se juntam a esse temor que sinto. És, por natureza, astuciosa e sabedora de muitos encantamentos, e estás sofrendo por causa da perda do teu tálamo, sendo privada, como estás, de teu marido. Ouvi também dizer que estás ameaçando fazer algo contra aquele que está desposando minha filha e contra a noiva também. Antes que eu tenha realmente de aturar tais coisas irei me pôr em guarda contra elas. É melhor para mim ser odiado por ti agora, mulher, do que ter de sofrer muito, mais tarde, porque fui iludido por palavras.

MEDEIA: Ah! Ah! Não hoje pela primeira vez, mas muitas vezes já, Creon, a minha fama arruinou-me e causou-me os piores males. Jamais deveria, aquele que nasceu um homem sensato, instruir seus filhos até o ponto da sabedoria excessiva, pois além da censura de indolência que recai sobre eles incorrerão na inveja e na má vontade de seus concidadãos. Levando ao ignorante qualquer nova sabedoria a pessoa mostra-se inútil e de modo algum sensata. Além disso, parecerá superior àqueles que já tem alguma fama por sua argúcia e tornar-se-á desagradável à cidade. Ora, incorri nesse infortúnio. Por ser sábia, tornei-me para alguns objeto de inveja, para alguns indiferente e para outros ainda de disposição diversa sou uma fonte de escândalos. No entanto, não sou excessivamente sábia. Tu, agora, tens medo de mim, receando sofrer algum mal. Não me temas, Creon! Não está em meu poder prejudicar os homens que governam. E a que respeito me fizeste mal? Casaste tua filha com aquele para o qual o teu coração se inclinava. Mas odeio meu marido. Fizeste algo que, para mim, parece prudente. E não invejo teu bem-estar. Case! Seja feliz! Deixa-me, porém, morar nesta terra. Na verdade, embora eu tenha sofrido uma injustiça, manterei silêncio, vencida, como estou, por aqueles mais poderosos do que eu mesma.

CREON: Dizes o que é agradável ouvir, mas há em mim o temor de que meditas algo de mau em teu coração. Tenho menos confiança em ti que jamais. É mais fácil se pôr em guarda contra uma mulher que é veloz em sua fúria — como se pode dizer a mesma coisa de um homem — e é mais fácil enfrentar tal pessoa do que aquela que é sutil e calada. Agora, sai o mais depressa possível. Não me digas palavras inúteis. As coisas estão decididas. Não tens arte bastante sutil para aqui permaneceres conosco, uma vez que me és desagradável.

MEDEIA *(Cai aos pés de Creon)*: Não... Imploro-te a teus pés em nome da jovem que acaba de se casar!

CREON *(Desvencilhando-se)*: Perdes as tuas palavras. Jamais me persuadirás.

MEDEIA *(levantando-se)*: Então me banirás e não ouvirás as minhas súplicas?

CREON: Não te amo mais do que amo meu próprio lar e minha família.

MEDEIA: Ó pátria! Como me lembro de ti nesta hora!

CREON: Com exceção de meus filhos, a minha pátria é a coisa mais querida para mim.

MEDEIA: Ah! Ah! Que mal são os seus amores aos homens!

CREON: Penso que isso depende das circunstâncias.

MEDEIA: Jove, oxalá aquele que é a causa da minha desgraça não te escape!

CREON: Vai, mulher louca, e livra-me desses tormentos!

MEDEIA: Sou eu que sofro os tormentos... tormentos de que não fui a causa.

CREON: Dentro em pouco serás expulsa à força pelos meus homens.

MEDEIA: Não faças isso, suplico-te, Creon!

CREON *(Medeia lançou-se de novo a seus pés)*: Mulher, vais me dar trabalho, parece.

MEDEIA *(Levantando-se)*: Vou sair. Não estou te suplicando para isso.

CREON: Então por que te mostrar tão insistente e por que não sais do país?

MEDEIA: Deixa-me ficar apenas hoje e imaginar um meio para que eu possa melhor partir e cuidar de meus filhos, já que seu pai não se preocupa em providenciar coisa alguma para eles. Mas tem piedade deles. Tu também és pai e é natural que sejas benevolente. Certamente, as providências não são minhas a respeito do exílio, não me importa saber se vou partir ou não, mas choro por eles: são as vítimas desse infortúnio.

CREON: Meu temperamento não é tirânico, e por essa razão já perdi muito, tendo sido piedoso por causa de muitas coisas. E agora, mulher, embora aos meus próprios olhos parecer que estou agindo insensatamente, obterás esse favor. Mas eu te advirto: se a luz do Sol de amanhã vir-te e a teus filhos dentro dos limites desta cidade, morrerás. Estas palavras são a expressão da verdade. Por enquanto fica (se puderes ficar) somente por hoje. Não poderás fazer o que eu temo na forma do mal em tuas mãos.

Creon parte com a sua escolta.

CORO: Desgraçada mulher, ah! ah! Infeliz és por causa de teus males! Aonde irás? Para que lar ou para que terra que se mostre hospitaleira irás para livrar-te de tuas calamidades? Que deus te manterá flutuando, Medeia, sobre as vagas desses infortúnios dos quais não há desembarque? *(Aqui, outra vez, temos uma metáfora náutica difícil de ser traduzida em boa prosa, porque a arte da navegação dos antigos era inteiramente diferente de tudo como que nós, modernos, estamos acostumados).*

MEDEIA: Tudo está indo mal. Quem negaria? No entanto, as coisas não vão ficar assim; não acrediteis. Ainda há dificuldades pela frente para o recém-casado e a recém-casada e males não menos perturbadores para os seus parentes. Acreditais que eu teria enganado aquele sujeito *(apontando para o caminho por onde saiu Creon)*, se não tivesse descoberto uma vantagem nisso, se eu não tivesse os meus planos? Eu sequer lhe teria dirigido uma palavra, não o teria tocado com as minhas mãos suplicantes. Ele está tão mergulhado na tolice que, quando poderia ter destruído meus planos expulsando-me desta terra, deixou-me livre para permanecer por mais um dia, durante os quais matarei três de meus inimigos: o pai, a filha e meu marido. Tenho muitos meios de me livrar deles, minhas amigas, e não sei por qual caminho para a morte procederei para com eles, em primeiro lugar. Incendiarei a morada nupcial ou enviarei atravessando o fígado uma afiada ponta de espada, tendo penetrado na casa onde o leito está preparado? Só vejo uma objeção. Se eu for apanhada de surpresa quando estiver penetrando na casa e preparando os meus recursos, ao morrer tornar-me-ei um objeto de ridículo para os meus inimigos. É melhor surpreendê-los por um caminho direto e por aquela sorte de coisa para a qual sou apta por nascimento e natureza... veneno! Assim será.

Assim eles morrem.

Mas que cidade me receberá? Que estranho ou estrangeiro, tendo me oferecido um asilo e me assegurado um lugar de residência, estará em posição de proteger e defender a minha pessoa?

Não há ninguém!

Permanecendo aqui por pouco tempo enquanto procuro descobrir que baluarte de defesa estará disponível para mim, executarei o assassínio por ardil, em silêncio. E se um infortúnio que não pode ser evitado me empurrar para a frente, tendo empunhado uma espada — mesmo se tenha de morrer eu mesma — eu os matarei. Assim procedo pela violência à audácia. Eis que a senhora a quem honro acima de todas as divindades e que tomei para me ajudar, Hécate *(a misteriosa divindade que dava e retirava prosperidade ou infortúnio de acordo com a sua própria concepção do bem e do mal, mas que se distingua de Nêmesis)*, mora nas partes secretas do meu coração. Com a sua ajuda, nenhum dos meus inimigos irá afligir meu coração e rir com impunidade. Tornarei aquele casamento maldito e nefasto para eles, e nefasta será a sua aliança e mais amarga, também, que o meu exílio desta terra. Ah, ai de mim! Medeia, não poupes recursos de tua arte e dos teus conhecimentos, planejando e executando. Vai em frente para o terrível! Chegou agora a prova da tua coragem. Não deves ser levada ao ridículo pelo casamento de Jasão com uma mulher da raça de Sísifo. *(Dizia-se que Sísifo construíra a cidade de Corinto a qual governara, sendo um dos primeiros capitães da indústria e aparentemente fundador do sistema capitalista de produção. Era um conhecido impostor, e ele e sua família tinham má reputação. Creon e sua filha pertenciam a essa família).* Tu, Medeia, foste gerada por um nobre pai, és neta do Sol. És sutil. Nós, mulheres, nascemos impotentes para o bem, mas somos hábeis como artífices da iniquidade.

CORO: As fontes dos rios sagrados correm para cima e a justiça e todas as coisas mais refluem em seu curso. Há conselhos enganosos nos corações dos maridos e a fé prometida aos deuses já não é mais firme. A fama assim descreverá de minha vida *(isto é, o comportamento das mulheres)* que terei um bom nome. Possa a honra adornar a raça das mulheres. Que a má fama não mais seja espalhada a respeito da mulher. Que as próprias Musas se refreem de seus antigos cantos em que minha falta de lealdade é tão celebrada. Febo Apolo, aquele que é o patrono da música e do canto, em verdade não implantou ou inspirou em meu gênio a divina música da lira *(isto é, as mulheres não são grandes artistas criadoras na música)* ou, de outro modo, eu teria entoado um cântico contra a raça dos homens. Os tempos imemoriais muito se expandiram contra nós, mulheres, assim como contra os homens. *(O Coro agora se dirige a Medeia).* Tu, Medeia, viajaste para longe da casa de teu pai com o coração em chamas, retendo atravessado os rochedos gêmeos do mar *(os Simplegades já mencionados pela Ama).* Vives agora em terra estrangeira, tendo perdido o teu tálamo e estando de agora em diante sem marido. Infortunada mulher! Ao exílio és agora lançada, desonrada. A santidade dos juramentos fugiu e a reverência já não mora mais na grande Grécia, mas fugiu voando para os céus no alto. Para ti, desventurada, já não há um lar paterno que te receba como refugiada destas maldições. Outra rainha, prevalecendo sobre o teu tálamo, te enfrenta em teu lar.

Este "discurso" não deve ser considerado como uma alocução integrada, falada simultaneamente por todas as mulheres que compõem o "Coro". Primeiro fala uma mulher, depois outra — uma mulher falando ou cantando uma frase, a mulher seguinte a frase seguinte, e assim por diante. E todas as mulheres do Coro não se vestiam da mesma maneira. O desconhecimento desses detalhes provoca presentemente muitas ideias errôneas a respeito do Coro nas peças teatrais gregas.

ATO III

A cena ainda é em frente à casa de Medeia em Corinto. Não se passou muito tempo entre o ato anterior e este, talvez uma hora. As mulheres que formam o Coro estão agrupadas do lado de fora do portão. Medeia está no jardim.

Entra Jasão, acompanhado por uma escolta.

Jasão era celebrado no mundo antigo como o herói da expedição que foi em busca do Velocino de Ouro. O bando comandado por Jasão era chamado Os Argonautas, do nome do navio em que viajaram, o Argos. Navegaram até a Cólchida, o que, na época, constituía uma dificílima viagem marítima. Jasão só conseguiu ser bem-sucedido com a ajuda de Medeia.

Jasão aparece agora como um homem robusto, de idade mediana e excepcionalmente bonito. Usa uma túnica de cor sombria e um manto azul. Traz um chapéu de aba larga pendurado atrás da cabeça, de modo a deixar à mostra a massa de cabelos ondulados.

JASÃO: Não vejo agora pela primeira vez, mas tenho visto muitas vezes que mal irremediável é a ira violenta. Quando poderias ter aqui permanecido e ter tido um lar submetendo-se sem ressentimento à vontade do poderoso, tu te exilaste por tuas palavras loucas. Pouco me incomoda que digas e repitas que Jasão é o pior dos homens. Mas depois do que disseste contra os governantes do país, deves te sentir feliz por ser punida apenas com o exílio. Repetidamente procurei apaziguar a ira do rei contra ti, pois queria que ficasses aqui. Mas não cessaste em tua loucura de falar perpetuamente mal dos governantes daqui. Assim, estás sendo expulsa desta terra. Não obstante, a despeito de tua loucura, não cesso de tentar ajudar uma pessoa que me foi querida. Estou preocupado, mulher, com os teus interesses. Não quero que sejas exilada desamparada com teus filhos, e não quero que te falte coisa alguma. O exílio traz em seu séquito muitos males. Embora me odeies, não te desejo mal algum.

MEDEIA: Ó mais vil dos vis, já que não tenho na ponta da língua outra condenação maior com que marcar a tua covardia, tu vens a mim, tu que eu abomino! Tu que és odioso para os homens e os deuses, como és para mim! Não, não há coragem, não há ousadia em olhar na face os amigos que se ultrajou, mas há neste mundo a pior de todas as formas da mais descarada malvadez: a impudência nua! Desfaçatez! Quanto a isso, fizeste bem em vir aqui. Sentirei minha alma aliviada de um peso, quando te tiver dito o que sinto e sofreres a provação de me ouvir.

Mas comecemos pelo começo.

Eu te salvei, assim como todos os gregos que embarcaram contigo no navio Argos, quando fostes mandados colocar sob o jugo os touros que respiravam fogo e semear o campo fatal. *(O rei da Cólchida prometeu dar o Velocino de Ouro a Jasão somente se ele atrelasse a um arado dois bois de pés de bronze que soltavam fogo pela boca, e semeasse os dentes do dragão que não tinham sido usados por Cadmo em Tebas).* Matei o dragão insone que guardava o Velocino de Ouro cobrindo-o com as muitas dobras de seu corpo, e acendi reluzente os fogos de uma vitória que te salvou. Eu mesma deixei meu pai, meu lar, vim contigo para Iolco, no sopé do Pélion, mais ardente que discreta. Fiz Pélias morrer a mais dolorosa das mortes às mãos de suas próprias filhas e afastei de ti toda ocasião de temor ou ansiedade. E, tendo recebido de mim tais benefícios, tu, o pior dos homens, traíste-me, conquistastes uma nova esposa, tu, tendo filhos como tens! Ah! se não tivesses filhos poderias ser perdoado por esse novo casamento. Mas a santidade dos juramentos fugiu. O que tenho a pensar agora? Achas que os deuses já não reinam ou que os céus decretaram novas leis para os homens de hoje, já que compreendes que perjuraste contra mim!

Ah! Ó minha mão direita, que tomaste entre a tua tantas vezes! Ó joelhos, quanto em vão fostes tocados por um pérfido suplicante! Quantas vezes não fui arrastada por ilusórias esperanças! (*Medeia acompanha essas referências a seus braços e seus joelhos com gestos apropriados, mas se torna mais calma de súbito*).

Vem! Receberei os teus conselhos como se fosse em verdade um amigo. Agindo assim, que benefício não poderei esperar, em verdade, de um homem como tu? Isso não importa. As minhas perguntas te farão parecer tanto mais odioso. Aonde irei agora? Voltarei para a terra natal de meu pai? Aquele seu lar e aquela sua terra que deixei quando vim para cá. Voltarei para junto das infortunadas filhas de Pélias? Elas em verdade me receberão em seu lar, eu que matei seu pai! Eis que tal é a minha situação: os amigos de minha família me olham como odiosa. Aqueles que eu não tinha necessidade de prejudicar ou injuriar tornei meus inimigos para te servir. É verdade que, no que diz respeito à recompensa, muitas mulheres de toda a Grécia me consideram afortunada, feliz, de sorte. Tenho em ti um admirável marido, um extraordinário companheiro, infortunada que sou! Estou exilada da terra, sem amigos, sozinha com meus pobres filhos! Uma excelente recomendação, sem dúvida, para um novo marido: seus filhos vagando como mendigos e com eles eu que te salvei! Ó Jove, lançastes sobre os mortais infalíveis provas para se saber se o ouro é misturado. Por que não há na forma humana alguma marca certa que nos permita reconhecer o homem mau?

CORO: Terrível é a fúria e a dificuldade de apaziguar quando os amigos entram em desavença com os amigos.

JASÃO: Não devo ter nascido de modo algum inábil no discurso, parece. Como o piloto prudente de um navio, devo baixar as velas e navegar sob o vento, mulher, diante de tua tormenta da língua e tempestade de palavras. Do meu ponto de vista — já que estimas tão altamente os teus serviços — foi Vênus que me salvou naquela expedição, somente Vênus, entre os deuses e os homens. Tens uma mente engenhosa, mas tiveste o cuidado de não mencionar que o Amor, com as suas flechas inevitáveis, te forçou a me salvares. Mas não discutirei isso com excessivo requinte. Em verdade, tu me foste útil e não tenho queixa contra ti. No entanto, como recompensa de minha salvação recebeste mais do que deste como te explicarei. Em primeiro lugar, é agora na Grécia que vives em troca de um solo bárbaro. Aprendeste o que é a justiça, já não interpretas a lei de acordo com a força, o direito não é o poder. Todos os gregos reconhecem em ti uma pitonisa. Conquistaste a glória. Ora, se vivesse nos confins do mundo, ninguém sequer mencionaria o teu nome. Ah! Pouco me importaria se houvesse ouro em minha casa ou se eu cantasse mais melodiosamente que Orfeu, se a minha boa fortuna tivesse de ficar desconhecida.

Falei tanto a respeito dos meus trabalhos e sofrimentos porque começaste esta competição de palavras. Quanto à censura que me fazes por minhas núpcias reais, mostrar-te-ei nestas palavras que fui antes de tudo prudente e da mesma maneira bom e que assim me tornei para ti e nossos filhos um poderoso amigo e sustentáculo. *(Medeia faz menção de interrompê-lo).* Fique quieta, agora! Tendo chegado aqui a esta terra de Iolco, arrastando atrás de mim tantos embaraços inevitáveis, o que poderia eu fazer melhor do que casar-me com a filha de um príncipe, eu, um exilado? Não é que, de acordo com ciúme que te punge, eu repudie o nosso matrimônio porque esteja ferido de amor por uma nova esposa nem porque deseje competir com outros homens no número de meus filhos. Os que tenho me são bastantes. Não me queixo quanto a isso. O que desejo é que possamos viver com bem-estar e dignidade sem temor da penúria. Os amigos, sei muito bem, fogem do homem pobre. O que procurei foi educar meus filhos de modo digno de sua família, dar irmãos aos filhos nascidos de ti, colocá-los todos no mesmo nível, fazer com que a sua origem fosse comum e assegurar a minha própria felicidade dessa maneira. Que necessidade tens tu, tu mesma, de filhos? Mas eu devo ter outros que serão úteis àqueles que já nasceram.

Estou raciocinando mal? Tu não te aventurarias a dizer assim tu mesma, se o meu novo casamento não te enfurecesse. Ó mulheres! Tal é a vossa insensatez e loucura que se o vosso tálamo estiver assegurado, pensais que tendes tudo. Se, por outro lado, algum mal suceder à vossa condição doméstica, considerais as melhores coisas e as maiores vantagens como odiosas. Oh! Os homens deveriam poder tornar-se pais sem vós e gerar filhos — então não haveria infortúnios para a humanidade! — não haveria mal algum entre os homens.

CORO: Jasão, embelezastes muito essas tuas palavras. No entanto, se posso aventurar-me a falar contra os teus planos, eu não penso que tenhas agido corretamente traindo tua esposa.

MEDEIA: Sou certamente diferente de muitos mortais a muitos respeitos. Na minha opinião, o homem injusto que é hábil ao falar merece o mais severo castigo. Ele confia em sua eloquência, espera dissimular as suas ações injustas, não teme fazer o mal. A despeito de tudo, ele não é também tão bem aconselhado. Assim não precisas parecer ser tão benevolente para comigo e tão eficiente no falar. Uma palavra te refutará. Deverias, se não fosses um velhaco, ter me persuadido antes de concluíres esse casamento, em vez de arranjá-lo em segredo, em silêncio perante os nossos amigos.

JASÃO *(ironicamente)*: Terias te mostrado mais sensível às minhas palavras, penso eu, se eu te tivesse anunciado o meu casamento, a ti que nem mesmo agora podes pôr de lado a grande fúria que há em teu peito.

MEDEIA: Não foi isso que te influenciou, mas o matrimônio bárbaro que faria com que chegasses à velhice sem distinção.

JASÃO: Compreende que não foi na mulher que pensei quando tratei de casar-me com a filha de um soberano, mas, como acabei de dizer-te, eu queria te proteger e dar a meus filhos irmãos de origem real como um baluarte em minha casa.

MEDEIA: Oxalá uma vida de prosperidade que é também de sofrimento jamais seja a minha e jamais eu tenha uma riqueza que despedaça o meu coração!

JASÃO: Não sabes como mostrar-te mais sensata e mudar a tua atitude? Que as coisas úteis deixem de te ser penosas e não te mostres infortunado quando tens sorte.

MEDEIA: Insulta-me, pois te será um refúgio qualquer lugar para onde eu fuja desta terra, em solidão.

JASÃO: Tu mesma escolheste assim. Não acuses mais ninguém.

MEDEIA: O que fiz? Sou eu que estou me casando e te traindo?

JASÃO: Rogaste ímpias pragas contra os governantes desta terra.

MEDEIA: E aconteceu que eu era uma maldição para o teu lar.

JASÃO: Certamente não discutirei mais esse assunto contigo por mais tempo. Mas se aceitares uma pequena ajuda para as crianças ou para o exílio, de acordo com as minhas posses, dize-me. Estou pronto a dar-te com liberalidade e a escrever cartas de recomendação aos estrangeiros, a fim de que te tratem bem. Se não aceitares isso, estarás agindo loucamente, mulher, mas, se dominares a tua ira, ganharás melhores coisas.

MEDEIA: Não me valerei de teus amigos estrangeiros e nem aceitarei coisa alguma. Nada me dês. Os presentes de um homem mau não trazem boa sorte.

JASÃO: Se as coisas são assim, invoco os deuses como testemunhas de que eu queria ajudar-te em tudo, por tua causa e por causa de nossos filhos. Mas fazer boas coisas não te satisfaz e repeles os amigos com orgulho. Portanto sofrerás muito mais.

MEDEIA: Vai! Estás dominado pelo desejo por uma mulher recém-casada estando afastado do seu lar. Desposa-a! Talvez — que isto seja dito com a aprovação de um deus — farás tal casamento que te sentirás feliz em repudiá-lo.

CORO: Quando o amor visita os homens com ardor excessivo não lhes traz glória nem virtude. Mas quando Vênus vem adequadamente, não há outra deusa tão graciosa. Oxalá não deixes voar, ó senhora, contra mim a inevitável seta de teu arco dourado carregada de desejo. Oxalá possa acalentar-me a castidade, o mais belo presente dos deuses! E jamais a temível Vênus, tendo ferido meu coração com um amor estranho envie-me ainda a guerra de palavras e os conflitos intermináveis, para que eu mantenha honrado o tálamo sereno das mulheres virtuosas. Ó pátria, ó lar, possa eu jamais ficar despatriada no exílio, atribulada pela angústia, o mais calamitoso dos sofrimentos! Possa eu ser vencida pela morte, sim, pela própria morte, se jamais eu chegar a tal dia! Eis que não há outra entre todas as calamidades comparável à de ser privada do solo pátrio. Nós próprias vimos, e não tenho de transmitir uma palavra ecoada por outros, pois nenhuma cidade e nenhum amigo teve piedade de ti, apesar de sofreres o pior dos males. Oxalá pereça o ingrato ao qual é possível não honrar os amigos abrindo a chave de um coração puro. Que jamais seja um amigo para mim, um amigo meu!

Enquanto o Coro diz estas palavras, Jasão, acompanhado por sua formidável escolta, deixa a cena. No fim desta fala do Coro, que deve ser presumida como apenas uma série de observações dirigidas pelas mulheres umas às outras e a Medeia, um novo personagem entra em cena. É Egeu ou Eigeu, um herói legendário da Ática, venerado pelos antigos atenienses.

Egeu entra, espera. Usa um elmo, um rico manto de púrpura bordado e broquel e traz uma espada. Tem um aspecto de homem valente e ousado, mas algo de esquisito nos modos e nas vestes.

EGEU: Medeia, muito saudar. Regozija-te. Ninguém pode achar melhor introdução do que esta para falar a uma pessoa amiga.

MEDEIA: Saúdo-te, filho do sábio Pandion (*um glorioso rei de Atenas*). Ó Egeu, de onde vens visitar o solo desta terra?

EGEU: Acabo de deixar o antigo oráculo de Febo Apolo.

MEDEIA: E por que visitaste o centro oracular da terra? *(Ela realmente pergunta porque ele foi ao "umbigo" da terra, mas tal tradução não conseguiria transmitir a exata equivalência de todas as palavras, apresentando com precisão o tempo, modo e voz de cada verbo ou o equivalente de cada partícula, pronome ou advérbio. A pergunta de Medeia poderá ser melhor compreendida caso se observe que no templo de Delfo havia uma pedra em forma de ovo em que os suplicantes se sentavam. Teoricamente essa pedra era o "umbigo" ou centro da terra conhecida).*

EGEU: Estou procurando saber como posso ter filhos.

MEDEIA: Em nome dos deuses, o que tem sido a tua vida até agora sem filhos?

EGEU: Não tenho filhos graças ao capricho de algum deus.

MEDEIA: Tens uma esposa ou não tens experiência de casamento?

EGEU: Não estou livre do vínculo conjugal.

MEDEIA: O que te disse Febo Apolo a respeito de filhos?

EGEU: Palavras sutis, para serem entendidas conforme a sabedoria do homem.

MEDEIA: Será sem dúvida permissível para mim saber o oráculo do deus?

EGEU: Perfeitamente, pois o oráculo exige uma mente sábia para a sua interpretação.

MEDEIA: Então, o que disse ele? Dize-me, já que é permitido.

EGEU: Não devo soltar a base pendente do odre de vinho...

MEDEIA:... Antes de fazer o quê ou antes de chegares a que terra?

EGEU: Antes de ter regressado ao lar paterno.

MEDEIA: E estás viajando para aquela terra a fim de veres o quê?

EGEU: Há um certo Piteu, rei de Trezen.

MEDEIA: Filho do piedosíssimo Pelops, como dizem.

EGEU: Quero dar-lhe a conhecer o oráculo do deus.

MEDEIA: O homem é sem dúvida sábio e versado em tais coisas.

EGEU: Sim, e o mais querido de todos os meus aliados *(o original diz "amigos da lança").*

MEDEIA: Espero que sejas feliz e alcances o que procuras *(Sucumbe e chora)*.

EGEU: Por que essa expressão de sofrimento e por que o teu rosto está tão desfigurado pela dor?

MEDEIA: Egeu, tenho como marido o pior dos homens.

EGEU: O que dizes? Conta-me francamente os teus infortúnios!

MEDEIA: Jasão me ofende, embora jamais sofresse ofensas em minhas mãos.

EGEU: O que fez ele? Dize-me sem rebuços.

MEDEIA: Ele tomou além de mim uma mulher para se tornar a senhora de seu lar.

EGEU: Ele jamais ousaria cometer algo tão vil!

MEDEIA: Informa-te bem, e sou desprezada por aquele por quem era amada antes.

EGEU: Ele se apaixonou ou odeia a sua ligação contigo?

MEDEIA: Ele ama outra muito e não era fiel aos seus amigos.

EGEU: Que ele se vá, se for tão vil como dizes.

MEDEIA: Em vez de seus amigos ele preferiu uma ligação real.

EGEU: Quem lhe deu isso... essa noiva? Acabe o que tens a dizer.

MEDEIA: Creon, que governa esta cidade de Corinto.

EGEU: Tens razão em tua dor, mulher.

MEDEIA: Estou perdida e fui exilada desta terra, ainda por cima.

EGEU: Por quem? Esse é um novo infortúnio de que falas.

MEDEIA: Creon está me expulsando como exilada de Corinto.

EGEU: E Jasão permite isso? Eu não teria consentido tal coisa.

MEDEIA: Não, em palavras, mas suporta com paciência o que realmente deseja. *(Cai aos pés de Egeu)*. Agora eu te imploro por este queixo *(erguendo as mãos em súplica)* e a teus joelhos *(abraça-os)*, tem piedade, tem piedade de mim, infortunada, e não me vejas exilada e sem amigos, mas me recebe em tua própria casa e em tua pátria. Assim poderá o teu desejo de ter filhos ser satisfeito com a ajuda dos deuses e poderás ser rico e feliz! Não imaginas que bênção ora encontraste em mim, pois porei um fim a teu estado sem filhos e far-te-ei pai de filhos, pois conheço ervas que possibilitarão tal coisa.

EGEU: Estou disposto, mulher, por muitas razões, a conceder-te esse favor, em primeiro lugar por causa dos deuses, e em segundo lugar por causa dos filhos cujo nascimento me anuncias, eis que empreendi minhas viagens por esse mesmo motivo. Mas a questão assim se apresenta a mim: se fores para a minha pátria, eu te acolherei com hospitalidade, como é direito. Dir-te-ei antecipadamente, mulher, que não consentirei em levar-te desta terra senão se por tua própria vontade fores para a minha pátria; permanecerás inviolável e não te entregarei a seja lá quem for. Tu mesma, por tua própria vontade, deixarás esta terra, pois não quero ser acusado de qualquer culpa contra os que aqui me hospedam.

MEDEIA: Será como dizes. Contudo, se um penhor de tais coisas me for dado, meu espírito ficará à vontade a teu respeito.

EGEU: Não tens confiança, ou o que te perturba?

MEDEIA: Eu tenho confiança, mas a família de Pélias me é hostil e também Creon. Ficando preso por juramento como deves, tu não me abandonarás para aqueles que estão me expulsando desta terra. Mas se houver entre nós apenas palavras e se não tiveres te comprometido pelos deuses, serás meu amigo e poderás resistir às exigências dos arautos? Eis que o meu lado é fraco e poderosos e ricos os governantes desta terra.

EGEU: Tua linguagem, mulher, revela muita previdência e se te parecer bom não me recusarei a fazer tal coisa. Será de todo mais seguro para mim, pois terei algo que mostrar aos teus inimigos à maneira de um pretexto e os teus negócios ficarão de todo melhor dispostos. Prescreve o juramento.

MEDEIA: Jura pelo solo da Terra mãe e pelo Sol, pai de meu pai, e por toda a raça de divindades!

EGEU: Para fazer ou não fazer o quê? Dize.

MEDEIA: Jamais me expulsares de tua terra nem se os meus inimigos forem me buscar, jamais consentires em me entregar a alguém, enquanto viveres.

EGEU: Juro pela Terra e pela sagrada majestade do Sol e todos os deuses que observaram o que ouvi me pedires.

MEDEIA: É bastante? O que poderás sofrer se não observares o juramento?

EGEU: O que acontece aos blasfemos entre os homens.

MEDEIA: Vai, regozijando! Quanto a mim, chegarei o mais depressa possível em tua cidade, tendo feito o que quero fazer e tendo sido bem sucedida no que pretendo.

Enquanto Egeu parte com muitas reverências, cercado por toda a sua escolta, as damas coríntias dizem:

CORO: Que o filho de Maia *(Mercúrio)* o soberano que escolta *(Mercúrio protegia os viajantes)* te leve de volta à terra natal e quanto às coisas pelas quais a tua mente está tão ansiosa, possas realizá-las, já que és considerado por mim um homem generoso, ó Egeu!

MEDEIA *(depois de saudar Egeu, até perdê-lo de vista)*: Ó Jove, ó Justiça, filha de Jove! Ó luz do Sol! Agora estou me tornando gloriosamente triunfante contra os meus inimigos, amigas *(dirige-se ao coro)* e entrei no caminho certo. Agora tenho esperança de que os meus inimigos me paguem uma penalidade. Eis que esse homem apareceu como um porto de refúgio para os meus projetos, justamente onde eu mais me arriscava. Naquele refúgio fixarei as amarras do meu navio tão logo chegue ao porto e à cidade de Palas Ateneia. *(Esta é uma maneira poética de se referir a Atenas e a figura de retórica empregada por Medeia é do gênero náutico tão usado nas tragédias gregas)*. Mas vou vos dizer agora todos os meus planos. Recebei as minhas palavras como não tendo sido ditas por brincadeira. Enviando um de meus serviçais, pedirei a Jasão para vir aqui à minha presença. Dirigir-lhe-ei, quando ele chegar, palavras que são deleitáveis e dir-lhe-ei que aquelas coisas *(ditas por Creon)* me agradaram, e que tudo está bem e correto, inclusive o matrimônio real que ele está contraindo depois de me trair. Tudo isso, direi é bom e bem imaginado. Perguntarei simplesmente se meus dois filhos terão permissão de permanecer aqui, não que eu queira deixá-los aqui em uma terra hostil, expostos aos insultos de meus inimigos, mas a fim de efetuar a destruição daquela filha do rei por meio de minha astúcia. Colocarei nas mãos de meus filhos presentes que deverão levar àquela jovem, de modo que eles também não sejam exilados comigo, um belo véu (ou manto) e uma coroa de ouro engrinaldada. Se ela receber aqueles adornos e os usar perecerá miseravelmente, assim como todo aquele que a tocar. Ungirei os presentes de veneno. Agora, deixai-me mudar o assunto de minha conversa.

Lamento a ação que executarei em seguida. Matarei meus filhos. Ninguém os tirará de mim. Quando eu tiver esmagado toda a casa de Jasão, deixarei esta terra, fugindo depois do assassínio de meus queridos filhos, uma vez que me atreverei a executar o mais ímpio dos feitos. Eis que não suportarei, minhas amigas, tornar-me objeto de ridículo para os meus inimigos.

O que se ganha amando? Não há um país que me seja deixado nem um lar para refugiar-me de meus inimigos. Pequei quando deixei o lar paterno, persuadido pelas palavras de um grego que pagará a penalidade pelo seu pecado contra mim, com a ajuda dos deuses. Jamais ele contemplará vivos depois de hoje os filhos nascidos de mim e nem há de gerar um filho com a mulher com quem há pouco se casou. Está determinado que ela perecerá miseravelmente com os meus venenos. Ninguém me verá fraca e desprezível nem mesmo resignada, mas, muito ao contrário, terrível para com os meus inimigos e boa para os meus amigos. A vida de tais personagens é a mais gloriosa.

CORO: Como me confiaste essas palavras e como desejo ajudar-te a obedecer às leis dos homens também, eu te proíbo que faças tais coisas.

MEDEIA: Não posso fazer de outro modo. Eu vos perdôo pelo que dissestes, pois não sofrestes o que sofri.

CORO: Mas ousarás, mulher, matar teus dois filhos?

MEDEIA: Assim meu marido será castigado.

CORO: Mas tu te tornarás a mais infortunada das mulheres.

MEDEIA: Que assim seja. Todas essas palavras intermediárias são supérfluas. *(Uma frase altamente idiomática, sugerindo qualquer coisa situada entre a resolução e a sua execução). Mas vem! (Medeia volta-se para suas antecedentes, na escada imediatamente diante da casa e a Ama aparece de súbito). Vai chamar Jasão. (A Ama parte).* Eis que posso usar-te em todas as coisas secretas. *(Olha para a Ama, que saiu do palco, e eleva a voz para dizer as últimas palavras de sua recomendação).* Nada digas de todas as coisas que planejei se estás bem disposta para sua senhora e se nasceste, mulher.

As manifestações seguintes do chamado "Coro" devem ser lidas como uma feliz ilustração da negligenciada verdade de que o "coro" na tragédia grega não é uma ode singular, integrada, mas uma série de observações, tendo o efeito, se não a forma real, do diálogo. Esse detalhe explica a chamada "irrelevância" dos coros da tragédia grega, existindo "irrelevância" na falta de imaginação do Dr. Dryasdust.

CORO: Os descendentes de Erecteu *(herói da antiga Ática e um dos fundadores da grandeza de Atenas, razão pela qual os atenienses se consideravam filhos de Erecteu)* são afortunados, sendo filhos dos deuses abençoados e naturais daquela santa região nunca invadida. Foram educados na mais gloriosa sabedoria. Sempre avançam levemente através do ar brilhante, onde, dizem, a dourada Harmonia certa vez deu nascimento às nove Musas, castas virgens das fontes piérias e onde glorificam Vênus quando tocam as águas correntes do formoso Cefiso *(divindade do regato próximo de Atenas: Erecteu desposou uma ninfa da família do rei do rio).* A própria Vênus faz soprar sobre aquela terra um fresco e odorante zéfiro. Sempre ela lança sobre os seus cabelos soltos a perfumada guirlanda de flores vermelhas e envia os amores como companheiros da sabedoria e artífices de todas as virtudes.

Neste ponto, Medeia, parecendo pensar em alguma coisa, retira-se abruptamente para dentro de casa, acompanhada pelas poucas serviçais, deixa a porta da frente, enquanto o "Coro" continua, ignorando a sua saída ostensivamente, como se para parecer não tomar conhecimento de que Medeia entrara à procura dos venenos, da veste envenenada e de outros instrumentos para o assassinato premeditado. Tendo Medeia entrado, as componentes do Coro tornam-se mais francas.

Como, então, a cidade dos rios sagrados ou a terra que acolhe os amigos receber-te, assassina de teus filhos, tu, já não mais pura aos olhos dos outros? Pensa no assassinato de teus próprios filhos! Pensa no horror que estás praticando! Não mates essas crianças! Nós te imploramos por todas as coisas, a teus pés, apertando os teus joelhos. *(Uma ou duas das mulheres se ajoelham. Tenha-se o cuidado de notar que as mulheres do "coro" não executam todas juntas os mesmos movimentos, do mesmo modo que não dizem juntas os mesmos versos)*. De onde trarás a ousadia ou a mente ou a mão que te levará diretamente ao coração de teus filhos para tão abominável ação? Como, tendo posto os olhos em teus filhos, persistirás na impiedosa intenção de sua matança? Não poderás fazer isso! Não, quando teus filhos se ajoelharem como suplicantes diante de ti, pois não mancharás a tua mão assassina em uma ação inexorável.

ATO IV

Há sinais de atividade dentro da casa de Medeia, pois o intervalo entre o ato anterior e este é de cerca de uma hora. As mulheres do Coro se encontram agora agrupadas em silêncio dentro dos limites tradicionais da chamada orquestra, que não era outra coisa senão um lugar para a dança, isto é, um grande espaço vazio. Os leitores das tragédias gregas não devem permitir que o interesse humano do assunto seja obliterado pelo tecnicismo de Aristóteles, tal como é apresentado por intermédio do Dr. Dryasdust.

Entra Jasão. Agora está vestido com um manto escuro e traz o chapéu na cabeça. Sua escolta está reduzida a três homens desarmados. Ele olha em torno, como se tencionasse entrar na casa, mas muda de ideia e fala como se quisesse que a sua voz fosse ouvida mais alto que o Coro.

JASÃO: Tendo sido chamado, venho. *(Há uma resposta vinda de dentro e ele eleva o tom de voz).* Por mais desagradável que sejas, não faltarei a isso, não te negarei este favor em minhas mãos, mas ouvirei agora, mulher, que novo pedido me fazes.

A porta da frente da casa se abre violentamente e Medeia sai, acompanhada por uma ou duas atendentes despenteadas. Medeia, evidentemente, está fazendo todo o esforço para se dominar.

MEDEIA: Jasão, peço-te que sejas indulgente para com as coisas que foram ditas por mim. Convém que toleres o meu mau gênio, já que muitas coisas foram feitas por nós como amigos. Agora, tive uma conversa comigo mesma. Troquei palavras comigo mesma e me censurei. Desgraçada que sou, por que sou tão louca e por que tive tanta má vontade contra aqueles de opinião correta, que são bem aconselhados e por que me tornei inimiga dos governantes desta terra e de meu marido, que fez o melhor para nós, desposando uma princesa e gerando irmãos para os meus filhos? Não devo pôr de lado o meu ressentimento? O que sofro, sendo os deuses bons para mim? Não tenho filhos e não sei que somos exilados de nossa terra natal e que nos faltam amigos? Tendo pensado em tudo isso, compreendi que fui irracional e enraivecida em vão. Agora estou reconciliada. Aprovo tudo. Tu me pareces sensato tendo nos oferecido essa aliança, e eu fui tola, eu que compartilho dos teus intentos ajudando-te a realizá-los e aprovando esse casamento, e me sentindo feliz de ficar a serviço de tua esposa. Mas — não direi mal — nós, mulheres, somos o que somos. Não te competiria responder o mal com o mal e opor a imbecilidade à imbecilidade. Admito e confesso que fui mal disposta para contigo então, mas agora reconsiderei sensatamente.

Meus filhos, ó meus filhos, *(Medeia alteia a voz)* vamos, deixemos este teto! Vinde! Beijai vosso pai. Conversai com ele. Renunciai, ao mesmo tempo que vossa mãe, ao ódio que sentíeis antes por vossos amigos. Pois há compromissos agora para o nosso benefício e a antiga ira se apaziguou.

As crianças, conduzidas pelo Pedagogo, aparecem e descem a escada onde Jasão se encontra.

Tomai a sua mão direita. Ah! Eu pareço prever, o infortúnio ainda está oculto. Ireis, meus filhos, no futuro, estender assim também para mim vossos bracinhos? Desventurada criatura que sou, quão prontamente derramo lágrimas e me encho de temor! Tendo terminado, depois de longo tempo, minhas desavenças com vosso pai, sinto os olhos repletos de lágrimas de ternura *(Chora)*.

CORO *(apenas uma das mulheres chorando e falando, ou melhor, cantando)*: Também dos meus olhos lágrimas copiosas irrompem. Oxalá um mal ainda maior não venha atrás da presente calamidade!

JASÃO: Mulher, louvo-te por estas palavras e não te censuro pelo passado. É natural para o sexo feminino se irritar contra um marido quando ele contrai novos laços secretamente. Mas o teu coração voltou ao senso prático da prudência. Viste afinal a melhor coisa a fazer, isto é, agir como uma mulher sensata. *(Às crianças)*: Meus filhos, vosso pai agiu com previdência e com a aprovação dos deuses, para gozardes o benefício de seus cuidados. Espero que algum dia estareis com vossos irmãos entre os primeiros na terra coríntia. Basta crescerdes. Quanto ao resto, vosso pai cuidará assim como algum deus benevolente. Espero ainda vos ver atingir a flor da juventude e triunfar sobre os vossos inimigos. *(A Medeia)*: E tu, por que molhas os olhos com muitas lágrimas, e por que afastas o teu rosto pálido e recebes com insatisfação estas minhas palavras?

(Medeia se entrega aos movimentos de uma mulher que está enxugando lágrimas de alegria e troca um olhar significativo com uma mulher do coro).

MEDEIA: Não é nada. Estou pensando nas crianças.

JASÃO: Por que, então, infortunada mulher, suspiras por teus filhos?

MEDEIA: Eu os gerei. Quando afirmaste que teus filhos viveriam, senti-me ansiosa imaginando se esse seria o caso. *(Ou: Quando te vangloriaste que as crianças viveriam, a compaixão me dominou, imaginando se seria assim)*.

JASÃO: Tenha coragem. Providenciarei a esse respeito.

MEDEIA: Assim farei. (Serei corajosa). Não duvido de tuas palavras. Mas a mulher nasceu fraca e inclinada às lágrimas. Mas o assunto a respeito do qual vieste conversar comigo está resolvido e irei agora mencionar mais outras coisas. Já que parece conveniente aos governantes desta terra me fazer partir e já que isso é melhor para mim, eu admito, vejo claramente, que não é desejável para mim viver como um obstáculo para ti e para os governantes desta terra. Eis que fui considerada inimiga desta casa. Partirei para o exílio. Roga a Creon que não expulse as crianças desta terra, de modo que possam ser criados por tuas próprias mãos.

JASÃO: Não sei se conseguirei persuadi-lo, embora ele deva ser persuadido.

MEDEIA: Mas tu, roga à tua nova esposa que peça a seu pai que os meninos não sejam expulsos desta cidade.

JASÃO: Perfeitamente. E acho que vou persuadi-la, se ela for como as outras mulheres.

MEDEIA: E participarei dessas dificuldades. Mandarei os meninos levarem presentes para ela, coisas belíssimas, mais belas que qualquer coisa ora conhecida entre os homens: um belo véu e uma grinalda trabalhada em ouro. *(O véu é realmente uma espécie de vestido de gaze colocado sobre a cabeça e parecendo um véu).* Mas algumas das serviçais devem vir aqui imediatamente com esses ornamentos. *(As que se encontravam de pé, à porta, entram para buscarem os presentes).* Ah! Ela vai ficar satisfeita *(isto é, a recém-casada)* não com uma coisa, mas com muitas, tendo te assegurado, tu, o melhor dos homens, como marido e possuindo os ornamentos que o Sol, pai de meu pai, deu a seus descendentes.

As serviçais voltam, trazendo consigo o vestido-véu envenenado e a grinalda mortal.

Meus filhos *(aos meninos)*, tomai em vossas mãos estes presentes nupciais e tendo os levado até ela, dai-os à jovem, à feliz princesa. Ela terá presentes de modo algum triviais.

JASÃO: Por que te privas dessas coisas, tola? *(Literalmente, por que esvazias as tuas mãos delas?)* Achas que o paço real está carente de vestes? Achas que está privado de ouro? Conserva-os. Não dês essas coisas. Se uma mulher me parece digna de todo prêmio e louvor, ela me preferirá a riquezas e bens, isso sei com certeza.

MEDEIA: Não me fales assim. Tem se dito que os presentes persuadem mesmo aos deuses. O ouro é mais poderoso do que muitas palavras para os mortais. Uma divindade está de seu lado e a faz crescer *(isto é, a recém-casada terá o melhor disso)*. A jovem princesa! Comprarei com minha própria vida e alma — não com ouro somente! — a remissão do exílio de meus filhos. Meninos, ide àquela casa de poder e riqueza e implorai à nova esposa de vosso pai e agora minha senhora, e rogai-lhe para não terdes de fugir desta terra, dando-lhe estas belas coisas ao mesmo tempo. Pois é de suma importância, como as coisas devem ser feitas, que ela receba estes presentes em suas próprias mãos. Ide o mais depressa possível. Sede mensageiros do bem para vossa mãe e fazei bem o que ela quer que seja feito. *(As crianças, levando os ornamentos mortais, caminham lentamente para a direita, acompanhadas pelo Pedagogo, enquanto Jasão curvando-se para o Coro e cumprimentando Medeia, segue as crianças a uma certa distância, com sua escolta. Medeia os contempla até o fim, depois entra).*

CORO: *(Uma série de comentários individuais por uma mulher e depois por uma outra, trocando ideias).* Agora, não me resta mais esperança para a vida daquelas crianças. Elas, na verdade, caminham para o assassinato, vão para a matança. A infortunada jovem receberá, sim, seguirá o curso fatal da coroa de ouro. Colocará sobre os fulvos cabelos o ornamento infernal, tendo o tomado ela própria em suas mãos. A graça e o brilho divino do vestido e da coroa de ouro a levarão a usá-los. Ela se enfeitará como uma noiva, ela que já está com a morte. Em tal armadilha e condenação à morte ela cairá. Não escapará da maldição. Mas tu, homem desventurado, iníquo cônjuge contraindo núpcias reais, não sabendo disso, levarás, buscarás para teus filhos a morte em lugar da vida e uma triste morte para tua noiva. Homem desventurado! Quão pouco prevês o teu destino! Lamento tua angústia, ó mãe miserável dessas crianças, que matas teus próprios filhos por causa do teu tálamo que teu marido está ilicitamente deixando para formar um lar com uma nova companheira. *(Há sons de lamentações dentro da casa de Medeia).*

ATO V

A casa de Medeia aparece como sempre, mas um agourento silêncio a envolve. As mulheres do coro estão cantando ou cantarolando no lugar de costume, agrupadas displicentemente. Passou-se uma hora mais ou menos entre os atos. O Pedagogo aparece vindo da direita e traz consigo os dois meninos. Vai entrando na casa, quando a porta da frente se abre e Medeia sai apressadamente.

PEDAGOGO: Senhora, estas crianças se livraram do exílio graças a vós. A noiva real prazerosamente recebeu os presentes com as suas próprias mãos. Há paz nessa direção para teus filhos. *(Medeia contém um gesto de regozijo e parece atordoada).* Então? Por que pareces confusa quando tiveste tanta sorte? Por que viras a cabeça e recebes a minha mensagem como se ela te desagradasse?

MEDEIA: Ai de mim!

PEDAGOGO: Isso não é apropriado à notícia que trago.

MEDEIA: Mais uma vez, ai de mim!

PEDAGOGO: Terei te trazido alguma notícia sinistra sem que percebesse? Estarei errado transmitindo uma mensagem alvissareira?

MEDEIA: Anunciaste o que anunciaste. Não te censuro.

PEDAGOGO: Por que então abaixas a cabeça e derramas essas lágrimas?

MEDEIA: A dura necessidade, velho! Tais são as coisas que um deus e eu, inspirada pelo mal, maquinamos entre nós.

PEDAGOGO: Coragem! Voltarás para o bem de teus filhos.

MEDEIA: Trarei outros diante de mim, infortunada mulher que sou!

Um jogo de palavras é responsável pela obscuridade desta passagem. Medeia diz que ela restaurará outros da morte ou os trará da terra antes que ela própria seja restaurada do exílio ou trazida de volta do exílio.

PEDAGOGO: Não és a única a ser privada de teus filhos. Sendo mortais, compete-nos suportar resignados as calamidades.

MEDEIA: Isso eu farei. Mas entra na casa e dá aos meninos o que eles precisam dia a dia. *(Aos pequenos)*: Ó filhos, filhos, são vossos uma cidade e um lar nos quais, tendo me deixado, a mulher desventurada, podereis sempre morar, privado de vossa mãe. Quanto a mim, como fugitiva irei para outra terra, antes de ter derivado de vós qualquer bem, e antes de vos ver felizes, antes de vos ver unidos a uma esposa, antes de poder adornar vosso tálamo, antes de ter levado para vós a tocha nupcial! Ah! Como o orgulho me encheu de sofrimento! Assim eu vos criei em vão, meus filhos, em vão sofri tanto por vós, em vão sofri tamanho martírio por vós no parto! Acalentei, em verdade, desgraçada criatura que sou, grandes esperanças em vós. Deveríeis ser o amparo da minha velhice. Quando eu morresse, iríeis, pensei, cumprir os deveres de piedade filial para com o meu corpo, a coisa mais cobiçada pela humanidade. Mas a doce esperança findou. Privada de vós, levarei sozinha uma vida triste e penosa. E não mais contemplareis com os vossos queridos olhos vossa mãe, pois ela terá, ido para muito longe, para outra espécie de vida. Ai de mim! Ai de mim! Por que me olhais com esses olhos, meus filhos? Porque sorris para mim vosso último sorriso? Ah! O que farei? Eis que o meu coração fugiu de mim, ó minhas amigas, *(para o Coro)* tendo contemplado o rosto alegre de meus filhos. Não! Não posso fazer isso. Adeus a meus planos anteriores! *(Caminha de um lado para o outro, agitada)*. E no entanto, o que devo suportar? Serei então condenada ao ridículo deixando os meus inimigos impunes? Tenho de ousar fazer. Pusilanimidade! Maldição sobre ti! E pensar que condescendi em manifestações de pusilanimidade! Ide, meus filhos, para casa. E ele *(aponta para o Sol)*, desde que não pode assistir ao meu sacrifício que olhe para si mesmo. *(Ou isto pode ser traduzido como uma advertência ao Coro: que fique em guarda quem se atrever a não participar do meu crime)*. Não mostrarei um braço pusilânime.

Ah! *(Ela anda de um lado para o outro e olha em torno de si, como que angustiada pela dúvida e a hesitação)*. Não, minha alma, não farás tal coisa. Deixai-os viver, mulher miserável! Poupa teus filhos! Mas viverão aqui comigo para me darem alegria? Pelos mortos embaixo e pelos vingadores do crime no inferno, não pode ser que eu ofereça aos meus inimigos meus próprios filhos como objeto de injúria. É uma necessidade absoluta que eles pereçam! Já que é assim, sou eu que os matarei. Eu que os dei à luz. Sua morte é uma coisa decidida. Não escaparão. E agora a coroa está em sua cabeça e nas dobras da veste velada aquela noiva real perecerá, sei muito bem. Assim seguirei o meu caminho desgraçado depois de ter envolvido aquelas crianças em algo pior ainda. Mas falarei com meus filhos. *(Os meninos saem da casa, obedecendo ao chamado da mãe).* Pequenos, dai as mãos direitas para vossa mãe beijar. Ó mão querida e cabeça tão preciosa para mim, e corpo e rosto tão nobres de meus filhos, oxalá sejais felizes mesmo lá embaixo! Foi vosso pai que vos privou da felicidade aqui em cima. Ó doce meiguice, ó face delicada e doce voz da infância! Ide! Ide! *(Medeia cessa as suas carícias e se afasta dos meninos que estava acariciando).* Não posso vos olhar por mais tempo e estou vencida por esses males. Compreendo afinal que abominações ouso empreender. Mas a ira é mais forte que a minha sabedoria, a raiva prevalece sobre os meus melhores pensamentos, sendo a causa das piores calamidades dos mortais.

Enquanto Medeia pronuncia estas palavras concluindo a sua meditação, as crianças entram na casa, já tendo o Pedagogo feito o mesmo quando lhe foi dito pela primeira vez que o fizesse. Medeia não dá atenção à agitação do Coro, nem ao seu ar de censura, mas anda apressadamente na direção do palácio de Creon.

CORO: Muitas vezes antes elaborei temas com dificuldade e apressei-me em participar de debates maiores do que compete ao sexo feminino buscar. Mas há uma Musa mesmo para nós e ela fala para nós no interesse da sabedoria. Não, certamente, para nós todas. Ainda, mesmo entre a raça das mulheres encontrar-se-á ocasionalmente uma que não é estranha às Musas. Agora afirmo que aqueles que entre os mortais carecem absolutamente de conhecimento do matrimônio e que não puseram filhos no mundo têm uma vantagem, no que diz respeito à felicidade, sobre aqueles que tiveram prole. Os sem filhos, não tendo, por ignorância, conhecimento prático se os filhos são ou não para os mortais uma boa coisa, estão livres de muitos males. Os que têm no lar a doce flor da infância, esses eu vejo sobrecarregados de ansiedade constantemente. Como, antes de mais nada, criá-los adequadamente? Como lhes deixarão alguma coisa para viverem? E ainda: será em prol de bons filhos ou de maus filhos que se está enfrentando tantos trabalhos? Esse é o mistério. Deixai--me mencionar uma preocupação que é a pior para todas as pessoas:

suponha-se que se tenha conseguido os recursos para criá-los e que o desenvolvimento dos filhos tenha alcançado a florescente juventude, suponha-se que eles sejam bons, e no entanto o destino decrete que a morte leve ao Hades os corpos desses filhos! Será bom, então, que os homens, pelo prazer de terem filhos, devam sofrer tanto para afinal os deuses desfecharem o golpe final, o mais severo de todos?

As linhas acima devem ser estudadas cuidadosamente à luz da ideia de que um "coro" na tragédia grega não é uma ode integrada, mas um diálogo travado pelos membros do coro entre si, uma discussão a respeito do que apenas transpirou. Isso é verdade particularmente nos coros de Eurípides.

Medeia entra pelo lado que tomou quando saiu apressadamente de cena.

MEDEIA: Por algum tempo agora, minhas amigas, estive aguardando a consequência: estava ansiosa para saber como as coisas se desenrolaram ali *(aponta na direção do palácio de Creon)*. Mas vejo vindo em nossa direção um dos serviçais de Jasão. Sua respiração ofegante mostra que ele veio anunciar um novo infortúnio.

O servo de Jasão a quem Medeia se referiu entra correndo em cena. É um jovem robusto vestindo uma túnica curta cinzenta usada pelos escravos. Será indicado no texto pela expressão convencional "Mensageiro".

MENSAGEIRO: Ó tu que violaste a lei por um ato terrível, Medeia, foge! Não esperdices nem um carro náutico *(navio)* nem um carro em terra.

MEDEIA: O que aconteceu para me justificar em tal fuga?

MENSAGEIRO: A donzela real acaba de morrer e também Creon seu pai: o efeito de teus venenos.

MEDEIA: Repetes uma bela mensagem e de agora em diante estarás entre os meus benfeitores e os meus amigos.

MENSAGEIRO: O que dizes? Está em teu são juízo e não delirando, mulher, ouvindo dizer que o lar real está assolado e no entanto não sentindo temor por causa disso?

MEDEIA: Tenho algo a dizer por minha parte em resposta às tuas palavras, mas, meu amigo, não te excites. Dize-me como eles pereceram. Deleitar-me-ei ainda mais se souber que eles morreram entre os piores tormentos.

MENSAGEIRO (*respirando normalmente e se dominando mais*): Quando teus dois filhos chegaram com seu pai e entraram na residência nupcial, ficamos alegres, nós, serviçais, que tínhamos sofrido com o teu infortúnio. Correu por toda a casa a notícia que tu e teu marido tinham apaziguado a vossa desavença. Um beijou as mãos das crianças. Outro acariciou seus cabelos dourados. Eu também, cheio de alegria, os acompanhei aos alojamentos das mulheres. Quanto à senhora que agora sirvo em teu lugar, ela lançou um ansioso olhar a Jasão, depois ocultou o rosto e virou para o lado a alva face, aborrecida pela entrada dos meninos. Mas teu marido acalmou o ressentimento e a contrariedade da jovem com suas palavras. "Não te irrites contra os teus amigos" disse ele. "Acalma tua agitação e volta de novo o teu rosto para mim e olha como amigos os amigos de teu marido. Recebe estes presentes e pergunta a teu pai se ele não revogará a sentença de banimento para me agradar".

Quando ela viu os presentes, não mais resistiu, mas aprovou o que seu marido (*Jasão agora era seu marido de acordo com a lei coríntia*) fizera. Antes que o pai e as crianças estivessem longe da casa, tendo tomado o belo vestido com véu ela o trajou, pondo ao mesmo tempo a coroa de ouro nos anéis de suas tranças, arrumando o cabelo diante de um claro espelho, sorrindo ao reflexo sem vida de si mesma.

O Mensageiro faz uma pausa, como que horrorizado com a lembrança da cena, enquanto Medeia sorri. O Mensageiro continua.

Então, descendo do trono, caminhou para o balcão. Seus alvos pés pisam de leve. Ela se regozija com os presentes e mais de uma vez levanta-se na ponta dos pés e estica as pernas (*segundo parece a jovem fica na ponta dos pés para ver melhor o vestido*). A partir desse instante, o espetáculo foi terrível de ser visto. Ela mudou de cor. Contraiu-se, curvou-se de súbito e mal teve tempo de cair no trono, para não cair no chão. Uma velha serviçal, vendo em tudo aquilo o efeito das fúrias de Pã ou de alguma outra divindade, deu um grito de súplica. Então viu uma espuma branca saindo da boca, as pupilas dos olhos rolando e o sangue fugindo de todo o corpo. Em vista disso, lançou um grito de angústia, muito diferente de uma prece.

Imediatamente, uma das mulheres correu aos aposentos do pai e outra correu até o marido para contar-lhe o infortúnio de sua esposa. Todo o aposento ressoou com o ruído de pés que corriam. Um corredor veloz chegando ao fim das seis pletra *(660 pés)* do estádio poderia atingir a meta depois de correr a parte seguinte do estádio, quando ela, a infortunada jovem, levantou-se dando um gemido terrível. *(O Mensageiro dá uma ideia do tempo que a jovem levou para voltar a si comparando o intervalo com o tempo gasto por um corredor do fim de uma pista de corrida para outra).*

Muda e sem voz até aquele momento, a jovem agora deu um grito pavoroso. Um duplo sofrimento a atormentava. A coroa de ouro posta em torno de sua testa lançava um prodigioso fluxo de fogo devorador. As finas dobras do manto presenteado por teus filhos consumiam a carne da infortunada jovem. Ela se ergueu do trono, fugiu em chamas, sacudindo os cabelos para ambos os lados e tentando arrancar a coroa da fronte. Mas o ouro parecia ter se agarrado firmemente, e o fogo, quando ela sacudia a cabeça, apenas redobrava a sua fúria. Ela caiu no chão — abatida pelo sofrimento — de todo irreconhecível para quem a visse, a não ser que fosse seu pai. Era impossível distinguir-se ainda o lugar de seus olhos e a beleza de seu rosto.

Do alto de sua cabeça escorria sangue misturado com a chama e a carne desprendeu-se de seus ossos como a resina dos pinheiros, tal era a irresistível ação do veneno. Coisa horrível de se ver! Todos temiam tocar o cadáver. Estávamos advertidos pelo que lhe acontecera, tínhamos a sua desgraça para nos ensinar a ser precavidos. Seu pai, homem desventurado, ignorando o que havia acontecido, chegou de súbito ao local. Atirou-se então sobre o corpo, gemendo enquanto assim fazia e, tomando-o em seus braços, o cobria de lágrimas. "Ó filha infeliz" ele dizia "qual dos deuses deixou-te perecer tão injustamente? Quem privou de sua filha um velho à beira do túmulo? Ai de mim! Oxalá eu morra contigo, minha filha!" Quando terminou os seus lamentos e os seus gritos, quis por-se de pé, erguendo o próprio corpo, mas se viu envolto pelos finos véus e dobras como a hera no tronco do loureiro. Houve uma luta terrível enquanto ele procurava firmar-se no joelho e ela, a ele agarrada, o forçava a usar violência. Ele arrancou a carne de seus próprios velhos ossos.

Afinal sucumbiu, coitado! Abandonou o fantasma. O infortúnio fora demasiadamente grande para ele. Ficaram lado a lado, os corpos do pai e da filha! Uma desgraça para as lágrimas se saciarem, uma tristeza imensa!

Quanto a mim, não quero falar a respeito desse assunto. Tu mesma terás a retribuição pelo que fizeste. Mas agora e não pela primeira vez considero as coisas mortais apenas uma sombra e sem temor deixa-me dizer-te que aqueles entre os homens que se julgam sensatos, os maiores criadores de enigmas, os apresentadores de problemas, estão condenados a se definharem na maior ignorância. Entre a humanidade não há um mortal feliz. Mesmo quando a fortuna o cobre de favores, ele pode se mostrar como tendo mais sorte que outro, mas feliz? Não!

Enquanto a narrativa se aproxima do seu desfecho, o Mensageiro vai denotando crescentes sinais de agitação, e agora corre velozmente em direção oposta àquela por onde entrou.

CORO: Uma divindade parece neste dia ter infligido com justiça a Jasão muitos males. Ó infortunada filha de Creon, como nos compadecemos de teus males, tu que partiste para as portas de Hades por causa de teu casamento com Jasão!

MEDEIA: Minhas amigas, os fatos estão decididos para mim; tendo matado meus filhos, deixarei esta terra o mais depressa possível e não abandonarei meus filhos para serem mortos por mãos mais hostis. É absolutamente necessário que eles morram. Já que assim é, eu os matarei, eu que os pari. Vamos, meu coração, torna-te duro como o aço, arma-te. Por que terei eu de fazer isso? Não fazer uma coisa horrível, mas inevitável, seria pusilanimidade. Vamos, segura a espada, minha infausta mão! Toma-a e leva ao extremo o horrendo curso de tua vida e não representes o papel dos pusilânimes pensando nos filhos e quão queridos são e como os criaste! Esquece teus filhos pois o dia é curto e depois lamenta, derrama lágrimas mais tarde. Pois mesmo apesar de os matares, eles nasceram queridos por ti!... Sou uma mulher desgraçada! *(Entra na casa).*

CORO: Ó Terra e luz toda brilhante do Sol, olha para baixo, contempla essa dolorosa mulher antes que ela se lance com mãos assassinas contra os filhos, matando-os ela própria! Eles brotaram verdadeiramente de sua própria semente de ouro. É uma maldição quando o sangue de um deus é derramado pelos golpes de um mortal. Ah! luz nascida do deus, que a detenhas, que a impeças! Expulsa da casa a fúria terrível, assassina por instigação de uma divindade vingativa! Em vão ela sofreu as dores do parto! Em vão geraste uma estirpe amada, ó tu que te aventuraste pela inóspita passagem dos rochedos azuis do Simplegades! Desgraçada mulher, por que a fúria, oprimindo a alma, cai sobre ti e por que o assassínio violento se segue à matança? Terrível para o mortal é a mancha que espera o assassino de um parente, ela invoca para o assassino maldições como o próprio crime esmagadoras, por decreto dos deuses contra a sua casa e o seu lar.

Ouve-se um grande barulho vindo do interior da casa. Tornam-se audíveis os gritos das crianças. O resultado é provocar o pânico entre as mulheres que formam o Coro.

FILHOS DE MEDEIA *(de dentro)*: Oh! Oh!

CORO: Ouves, ouves os gritos das crianças, ó infortunada mulher, ó desditosa!

FILHO MAIS VELHO DE MEDEIA: Oh! O que farei? Para onde fugirei das mãos de minha mãe?

FILHO MAIS MOÇO DE MEDEIA: Não sei, querido irmão, pois estou morrendo!

Reina o pandemônio dentro da casa de Medeia, misturando-se os gritos dos meninos com a queda de móveis e o ruído de passos correndo. As mulheres do Coro se encontram violentamente agitadas.

CORO: Correrei para dentro da casa? Parece-me que eu deveria livrar as crianças do assassinato...

FILHOS DE MEDEIA *(de dentro)*: Sim... Em nome dos deuses, ajuda-nos! *(Em algumas dramatizações desta cena no teatro ateniense posterior, os meninos, segundo se diz, safam realmente da casa e eram arrastados para dentro por sua mãe, mas esse processo não era característico do teatro no tempo de Eurípedes. A matança se dá no interior).* Preciso de tua ajuda! A lâmina da espada já está em meu pescoço!

CORO: Desgraçada mulher, és então como o rochedo ou o ferro, matas no plano arquitetado por tuas próprias mãos os filhos que tu mesma geraste! Ouvi dizer que uma só, uma única mulher entre todas que viveram antes de nós, levantou as mãos contra os seus próprios filhos queridos. Foi Ino, delirante por decreto dos deuses, quando a esposa de Jove a expulsou do palácio para vagar enlouquecida. A desgraçada caiu nas profundas águas salgadas por causa do impiedoso assassinato de seus filhos, confiando seus pés, como fez, além da praia do mar. *(Há certa divergência a respeito da lenda aqui mencionada. Um eminente estudioso, Verrall, explica que Temisto, tencionando matar os filhos de Ino, foi iludida pela última e matou seus próprios filhos. Descobrindo o que fizera, Temisto, se nos guiarmos pelas palavras do Coro neste trecho, atirou-se ao mar. Outra versão diz que Ino e seu marido foram tornados insanos por Juno, pelo que o marido matou o filho mais velho e Ino afogou-se com o mais moço).* O que poderia acontecer de mais horrível que isso? Ó matrimônio, terrível para as mulheres, quantos males não trouxeste aos mortais?

Jasão entra em cena precipitadamente. Seu aspecto descabelado e suas feições transtornadas constituem uma prova suficiente da angústia de sua mente...

JASÃO: Senhoras, estais aqui de pé tão perto da casa, Medeia, a artífice de perversidades, ainda está dentro de sua casa ou se protegeu pela fuga? Ela, ou deve ter se escondido debaixo da terra ou ter se elevado nos recessos do ar com corpo alado para que não dê satisfação à família real! Pensa ela que, depois de ter matado os governantes desta terra, escapará livre deste lugar? No entanto, não estou tão ansioso a seu respeito como estou quanto a meus filhos. Aqueles a quem ela fez mal hão de lhe fazer mal. Vim simplesmente para salvar as vidas de meus filhos, a fim de que os parentes de Creon não lhes façam algum mal, para pagamento da penalidade pelo sacrílego assassinato por sua mãe.

CORO: Infortunado homem, não sabes, Jasão, a extrema calamidade que te alcançou? De outro modo, não terias dito essas palavras?

JASÃO: O que é? Quer ela talvez nos matar também?

CORO: Teus filhos foram mortos pelas mãos de sua própria mãe.

JASÃO: Ah! O que estás dizendo? Como me esmagaste, mulher! *(Note-se que Jasão está se dirigindo a uma mulher do Coro que falou com ele).*

CORO: Pense em teus filhos como não estando mais vivos.

JASÃO: E onde ela os matou? Dentro da casa ou fora?

CORO: Se abrires a porta, verás os cadáveres de teus filhos.

JASÃO *(convocando sua escolta, cujos membros entram ao som de sua voz)*: Homens, girem as fechaduras, abaixem as trancas, o mais depressa que puderem e afrouxem os ferrolhos afim de que eu possa contemplar a dupla desgraça: aqueles que estão mortos e a outra, aquela que vou castigar com a morte.

Há um clarão em cima do telhado da casa. Medeia é vista no meio de chamas em um carro de ouro puxado por dragões. Tem consigo os corpos dos meninos.

MEDEIA: Por que abalas estas portas e as arrombas, procurando os mortos assim como aquela que matou? Cessa os teus esforços. Se precisas de mim, dize o que queres, mas jamais porás as mãos em mim. O Sol, pai de meu pai, deu-me este carro, um baluarte contra uma terra hostil.

JASÃO: Mulher! Objeto do ódio e maior inimiga dos deuses, assim como de mim, e inimiga da raça dos homens a que pertences, que ousaste levantar a espada contra teus filhos, embora os tenhas gerado, tu que me privaste de filhos, depois de tal crime, o mais odioso de todos, podes olhar para a Terra e invocar o Sol! Oxalá pereças, pois agora posso ver que estava louco quando te trouxe de teu próprio lar e de uma terra bárbara para uma casa grega, tu, traidora, tanto para teu pai como para a terra natal que te criou! Os deuses mandaram contra mim teu vingativo demônio. Foste a bordo do navio Argos de bela proa, depois de teres matado teu irmão em seu próprio lar. Com tais coisas começaste, e tendo se casado com o homem que tinhas diante de ti e me dado filhos, tu os destruíste por causa de um novo casamento que contraí. Não há uma mulher grega viva que teria feito tal coisa, e te preferindo antes de todas elas eu me condenei a desposar-te, uma ligação alienígena e que me foi fatal! És uma leoa, não uma mulher, tendo uma natureza mais selvagem que da Sila do Tirreno. *(O fratricídio de que Medeia é acusada tem várias versões. Diz-se que ela matou Absirtos no Argos e que atirou o corpo pedaço por pedaço na água, afim de que seu pai, que a perseguia, se atrasasse recolhendo os pedaços desmembrados. A Sila mencionada por Jasão era um monstro que morava em um remoinho furioso em frente de Caríbdis, no Estreito de Messina. Sila latia como um cão, tinha seis bocas e doze pés).* Mas eu não poderia te marcar com mil insultos. Tal é a desfaçatez inata em ti! Corre para tua ruína, artífice da iniquidade e assassina de teus filhos! É bastante para mim ter de lamentar o meu destino. Eu que nada lucrarei com o meu novo casamento e ficarei impossibilitado de falar com meus filhos, que gerei e criei, pois eles já não estão vivos, mas mortos!

MEDEIA: Eu discorreria longo tempo refutando essas tuas palavras, se nosso pai Jove já não conhecesse o que tiveste de experiência comigo e o que fizeste contra mim. Não vais, depois de desprezar meu amor, passar uma vida agradável, zombando de mim, nem vai a princesa! Nem mesmo Creon, que te ofereceu esse casamento, me fará sofrer expulsando-me desonrada desta terra! Por causa dessas coisas, podes me chamar de leoa, se te agrada, e mesmo de Sila que mora na região do Tirreno! Atingi diretamente o teu coração e a tua alma.

JASÃO: Tu também sofrerás e compartilharás dessas desgraças.

MEDEIA: Bem o sabes! Mas o sofrimento é uma boa coisa, contanto que não possas zombar de mim nem lançar-me ao ridículo.

JASÃO: Ó meus filhos, que mãe tivestes!

MEDEIA: Ó meus filhos, como fostes arruinados pela vilania de teu pai!

JASÃO: Não foram mortos pela minha mão.

MEDEIA: Mas por teu orgulho e por teu novo casamento.

JASÃO: Tu te atreveste a matá-los por causa daquele casamento?

MEDEIA: Achas que isso é um sofrimento desprezível para uma mulher?

JASÃO: Para aquela que é sensata. Para ti, todas as coisas são o mal.

MEDEIA: Eles já não estão *(apontando para os mortos)*. É isso que te atormentará.

JASÃO: Eles ainda se mostrarão incansáveis artífices da maldição contra tua cabeça.

MEDEIA: Os deuses sabem que começou esses males.

JASÃO: Eles certamente conhecem tua mente perversa.

MEDEIA: Odeio! Desprezo tuas palavras injuriosas.

JASÃO: E eu as tuas. Mas partir é fácil.

MEDEIA: Como? O que farei? Pois eu, também, desejo isso ardentemente.

JASÃO: Deixa-me os seus corpos, para enterrá-los e para chorá-los.

MEDEIA: De modo algum! Eu os enterrarei eu mesma quando os tiver levado para a gruta sagrada de Hera do Cabo *(um templo de Juno no Golfo de Corinto)* a fim de que nenhum de seus inimigos possa exultar sobre eles, destruindo seus túmulos. Estabelecerei naquela terra de Sísifo uma festa e mistérios sagrados para as gerações futuras em expiação desse impiedoso crime. E eu mesma irei para a terra de Erecteu, ali estabelecendo o meu lar com Egeu, filho de Pandion. Tu como é devido, morrerás miseravelmente, homem miserável, com tua cabeça atingida por um fragmento do Argos, chegando assim ao fim desgraçado do teu novo casamento.

JASÃO: Ah! Oxalá uma fúria te destrua em nome dos filhos e da Justiça, vingadora do crime!

MEDEIA: Mas que deus ou que demônio te ouvirá, perjuro e traidor daqueles que te acolheram?

JASÃO: Ai de mim! Ai de mim! Abominável assassina de teus filhos!

MEDEIA: Volta para casa para enterrar tua noiva!

JASÃO: Irei, privado de meus filhos!

MEDEIA: Ainda não choraste, até agora! Espera até que chegue a velhice.

JASÃO: Ó queridos filhos!

MEDEIA: Queridos sim para a sua mãe, mas não para ti.

JASÃO: No entanto foste tu que os mataste!

MEDEIA: Sim, castigando-te!

JASÃO: Ah! Queria — homem infortunado! — os lábios de meus filhinhos para beijá-los.

MEDEIA: Agora tu lhes fala, agora os beijaria, embora os tivesse banido!

JASÃO: Em nome dos deuses, deixa-me tocar a tenra carne de meus filhos!

MEDEIA: Não. Impossível! Pedes em vão. (*O carro de fogo sobe no ar a grande altura*).

JASÃO: Jove, ouviste como fui repelido e que coisas sofri nas mãos dessa feroz leoa, assassina dos filhos? Mas enquanto puder, hei de chorar e implorar aos deuses, para testemunharem que, tendo matado meus filhos, tu me impediste de tocá-los com as minhas mãos e de enterrar seus corpos que eu nunca deveria ter contemplado, eu que os gerei, mortos por ti. (*Jasão quer dizer: oxalá eu nunca os tivesse contemplado, para vê-los mortos por ti*).

O carro puxado pelos dragões desaparece no Empíreo, enquanto o Coro, tendo visto Medeia e os corpos das crianças assim colocados fora de vista, encerra o assunto com uma reflexão.

CORO: Jove é o distribuidor de muitas coisas no Olimpo e os deuses executam muita coisa inesperada. As coisas esperadas não se sucedem, e uma divindade encontrou o meio de alcançar o que é extraordinário. Assim sucedeu este caso.

Esta conclusão é chamada "apêndice" (tag) e se encontra no fim de outras peças teatrais de Eurípedes. Não faz parte da tragédia e parece que era falada por um dos atores, como uma comunicação ao público que a representação terminara.

~ FINIS ~

AS BACANTES

PERSONAGENS

Dionísio:
Também chamado Baco, Brômio, Évio

Coro:
Mulheres asiáticas, adoradoras de Dionísio

Tirésias:
Profeta tebano, velho e cego

Cadmo:
Fundador e depois rei de Tebas

Penteu:
Rei de Tebas, neto de Cadmo

O estrangeiro:
Um emissário, profeta de Dionísio

Serviçal de Pemteu

Primeiro mensageiro:
Pastor de Citeron

Segundo mensageiro:
Servo de Penteu

Agave:
Mãe de Penteu, filha de Cadmo
Guardas, serviçais, outros.

A cena representa a frente do palácio real de Tebas.
  As Bacantes *foi escrita na Macedônia, onde Eurípedes passou os últimos anos de sua vida (408-406 A.C.) virtualmente exilado. Foi representada em Atenas depois da morte do seu autor.

(Entra Dionísio)

DIONÍSIO: O filho de Zeus voltou à terra dos tebanos. Sou Dionísio, que a filha de Cadmo, Sêmele, gerou há tempo, através do flamejante raio. Mudei a minha forma de divina para humana, ao chegar agora aos rios de Dirce, à água de Ismero. Perto deste palácio, noto o monumento de minha mãe, ferida pelo raio. As ruínas de sua casa, vejo, ainda fumegam; o fogo divino ainda está vivo — o imorredouro insulto de Hera a minha mãe. Louvado seja Cadmo; fez deste local um terreno sagrado, a capela de sua filha. Fui eu, porém, que a engrinaldei com a verdura da vinha cacheada.

Venho dos campos da Lídia, que são cheios de ouro, e dos da Frígia. Conquistei as estepes da Pérsia castigadas pelo Sol e as cidades muradas de Báctria, a gélida terra da Média e Arábia, a Abençoada. Toda a Ásia é minha, tudo que se estende junto ao salino mar e possui cidades de belas torres, repletas de helenos misturados com bárbaros. Esta é a primeira cidade a que venho na Hélade. Em toda as outras partes institui as minhas danças e os meus mistérios, a fim de que a minha divindade possa ser manifestada aos mortais.

Primeira desta terra helênica, enchi Tebas com os gritos das mulheres exultantes; ajustei-lhes ao corpo a pele de gamo e coloquei-lhes nas mãos o combativo tirso, enfeitado de hera. Eis que as próprias irmãs de minha mãe — elas pelo menos deveriam saber melhor — disseram que Dionísio não era filho de Zeus; que Sêmele dera o seu amor a algum mortal; que, instruída por Cadmo, estava atribuindo a Zeus a sua própria paixão pecaminosa. Foi por isso que Zeus a matou, proclamavam alto e bom som; porque ela mentira a respeito de seu amante. Essas mesmas irmãs, portanto, expulsei de suas casas, frenético, furioso; estão vivendo na montanha, privadas de juízo. Fi-las usarem o hábito das minhas orgias. E todo o mulherio de Tebas, cada mulher da cidade, expulsei com violência dos lares para se juntarem às filhas de Cadmo; juntas, sentaram-se sob os abetos cor de prata, nos expostos rochedos. A cidade tem que aprender, queira ou não queira, que ainda precisa de iniciação em meus báquicos rituais. Tenho de defender a causa de minha mãe Sêmele, provando aos mortais que sou um deus, dela nascido e filho de Zeus.

Agora, Cadmo entregou o reinado e seus direitos ao neto Penteu, que se opõe ao meu culto. Ele me exclui de suas oferendas e em suas preces não menciona o meu nome. Quero, portanto, revelar-me a ele e a todos os tebanos como um deus de verdade. Quando tiver resolvido todas as coisas ao meu gosto, dirigirei os meus passos para outra terra e me manifestarei. Se a cidade dos tebanos se enfurecer e tentar expulsar as bacantes da montanha pela força das armas, conduzirei as minhas mênades na batalha contra eles. É por isso que assumi esta forma mortal, mudando-me para ter a aparência de um homem natural.

Ei, mulheres que viestes de Tmolo baluarte da Lídia, meu próprio bando festivo! Eu vos trouxe de entre os bárbaros para serdes minhas companheiras, onde quer que eu esteja, aonde quer que eu vá. Tocai a música nativa de vossa pátria frígia, os pandeiros que eu e a mãe Reia inventamos. Vinde a este palácio real de Penteu, tocai-os bem alto, a fim de que toda a cidade venha ver. Irei aos estreitos vales do Citeron, onde estão as bacantes, e ali participarei de suas danças.

Sai Dionísio, antes da entrada do Coro, trazendo tirsos e pandeiros).

CORO *(O traço no começo da linha indica mudança de locutora)*: Da terra da Ásia venho, deixando para trás o sagrado Tmolo. Em honra de Brômio, pressurosa desempenho a minha agradável tarefa, meu suave trabalho, glorificando em meus gritos o deus báquico.

— Há algum homem profano na rua? Há algum dentro de casa? Que saia. Fechem-se todos os lábios no silêncio sagrado. Sempre hei de entoar um hino a Dionísio à moda antiga, bem antiga.

— Ah! abençoado aquele que os deuses amam, que compreende os rituais secretos dos deuses, cuja vida é consagrada, cuja própria alma dança com santificada alegria. Nas montanhas, ele conhece o frêmito báquico, as santas purificações; observa as orgias de Cíbele, a Grande Mãe; levanta o tirso bem alto, e se coroa com hera a serviço de Dionísio.

— Ó vós, bacantes, ó vós bacantes! Trazei para casa Brômio, o deus, o filho de deus, trazei Dionísio das montanhas frígias, trazei Brômio para as praças abertas de Hélade, amplas para as danças.

— Com doloroso parto, certo dia sua mãe o gerou, arrancado de seu ventre pelo raio voador de Zeus. Com o toque do raio, ela perdeu a própria vida, mas logo, no próprio aposento em que a mãe jazia, Zeus, filho de Cronos o recebeu e o escondeu em sua coxa, prendendo-o com fivelas de ouro, escondido de Hera.

E quando os fados tornaram a criança perfeita, o pai criou o deus do chifre de touro; e o engrinaldou com as espirais das serpentes. É por isso que as mênades caçam serpentes selvagens para entrelaçarem em seus cabelos.

— Ó Tebas, berço de Sêmele, coroa-te de hera, desabrocha, desabrocha como um verdejante teixo com suas frutinhas brilhantes. Torna-se uma verdadeira bacante, com ramos de carvalho ou de abeto. Com as peles de gamo, enfeita a fímbria com o velosos tufos do pelo prateado da cabra. Agita-te frenética com as hastes de funcho, mas devotadamente. Em breve a terra dançará — sempre é Brômio que comanda o bando orgíaco — dançará rumo às montanhas, às montanhas onde a fila das mulheres espera, expulsas do tear e do fuso pelo arrebatamento de Dionísio.

— Ó câmara dos Curetes, ó santos lugares de Creta, que vistes o nascimento de Zeus! Em vossas grutas, os coribantes, com capacetes de tríplice borda, organizaram o meu círculo de pandeiros de bem estirado couro. Para a nossa impetuosa festa báquica, eles modularam a sua nota na flauta frígia, e colocaram-na em mãos da Mãe Reia. Junto com seu ruído, as bacantes um dia lançarão seus gritos delirantes. Eis que da divina Mãe os sátiros frenéticos dela se apoderarão e a casarão com as danças das festividades bienais com que se deleita Dionísio.

— O meu amor está nas montanhas. Ele se afunda no chão saindo do bando festivo que corre. Usa o hábito sagrado de pele de corça; ele caça o bode e o mata e se deleita com carne crua. Ele corre para as montanhas da Frígia, da Lídia. É Brômio, o chefe de nossa dança. Evoé! O chão está molhado com leite, molhado com vinho, molhado com o néctar das abelhas. Oloroso como o incenso sírio é o fumo da acha de pinho que o nosso chefe báquico carrega. Sua chama avermelhada se projeta da ponta da haste de funcho, enquanto ele corre e dança com as suas tranças delicadas oscilando no ar, enquanto incita o bando espalhado e o põe de pé com os seus gritos. "Evoé" ele grita, depois, bem alto: "Avante, bacantes, avante, na brilhante glória de Tmolo e seus regatos dourados, erguei hinos a Dionísio, com a intensa batida dos pandeiros; à feição báquica, com gritos e incitamentos frígios, glorificai o deus báquico, enquanto a flauta, melodiosa e santa, executa felizes hinos sacros para os bandos frenéticos que correm para as montanhas, para as montanhas. Então, em verdade, a donzela bacante se rejubila e cabriola, de pés leves, como um cabritinho ao lado de sua mãe no pasto.

(Entra Tirésias).

TIRÉSIAS: Quem está na porta? Chama Cadmo na casa, filho de Agenor, que deixou a cidade sidoniana e construiu as torres da cidade tebana.

Que vá alguém, dizer-lhe que Tirésias o procura. Ele sabe porque vim. Sabe da combinação que fiz, com um homem mesmo mais velho do que eu, para enfeitar o tirso e pormos peles de corça e coroas em nossas cabeças, com ramos de hera.

(Entra Cadmo).

CADMO: Ah! meu sábio e velho amigo! Eu sabia que eras tu, desde o momento em que ouvi a tua sábia e velha voz. Aqui estou, preparado, bem disposto, com estas vestes do deus. Eis que ele é o filho de minha própria filha (esse Dionísio que mostrou a sua divindade aos homens); e devemos fazer o que pudermos para glorificar o seu poder. Onde dançaremos? Onde plantaremos os nossos pés e sacudiremos as nossas velhas cabeças grisalhas? Dize-me, Tirésias, como um velho a outro. Tu és o entendido, eu jamais me cansarei, noite e dia, martelando a terra com o tirso. Em minha ventura, eu me esquecia como sou velho.

TIRÉSIAS: Então, estás te sentindo como me sinto. Eu também tentarei dançar.

CADMO: Muito bem, então, arranjaremos uma carruagem para nos levar à montanha?

TIRÉSIAS: Isso não constituiria o mesmo tributo ao deus.

CADMO: Então, o meu idoso braço conduzirá os teus idosos pés.

TIRÉSIAS: O deus nos conduzirá até lá sem transtorno.

CADMO: Seremos os únicos na cidade a dançarmos para Baco?

TIRÉSIAS: Somente nós estamos certos. Os outros estão errados.

CADMO: Estamos demorando muito. Segura bem a minha mão.

TIRÉSIAS: Pronto, apertemos as mãos, prende a tua na minha.

CADMO: Sou um mero mortal. Não me sinto superior aos deuses.

TIRÉSIAS: Não raciocines a respeito dos deuses. Temos as tradições de nossos pais, velhas como o próprio tempo. Nenhum argumento pode derrubá-las, por mais inteligente que seja o sofisma, por mais agudo que seja o juízo. As pessoas dizem que não tenho vergonha, em minha idade, de sair dançando e enfeitando a cabeça com hera. Deixa-as falar. O deus não esclareceu que somente os moços devem dançar, ou somente o velhos. Ele se deleita em receber a homenagem de todo da mesma maneira. Quer ser exaltado; não leva em consideração a idade das pessoas.

CADMO: Como não podes ver, Tirésias, falarei contigo. Aí vem Penteu, dirigindo-se apressadamente para casa, filho de Equion, ao qual entreguei o governo desta terra. Como vem agitado! Que novidades irá anunciar?

(Entra Penteu).

PENTEU: Eu me encontrava fora do país, mas a notícia de uma estranha e maléfica ocorrência na cidade me trouxe de volta. As nossas mulheres deixaram o lar, disseram-me, em êxtases vergonhosos. Estão se divertindo nos sombreados montes, honrando com danças essa nova divindade que está em moda, esse seu Dionísio. No meio de cada grupo turbulento fica um tonel de vinho. Depois, elas saem separadamente para lugares escusos para ocuparem o leito de homens. Naturalmente, se dizem sacerdotisas, inspiradas sacerdotisas; mais se apegam, porém, a Afrodite do que a Baco.

Apanhei um certo número delas. Os carcereiros as têm em segurança na prisão pública. Aquelas que faltam eu vou caçar na montanha (Ino e Agave que me levaram a Equion, e Autonoe, a mãe de Actéon). Eu as apanharei com armadilhas de ferro e porei em breve cobro a essa festa imoral.

Dizem que chegou um estranho, um bruxo, um feiticeiro da Lídia, com fragrantes e ondulados cabelos cor de ouro e faces coradas e promessas de amor em seus olhos. Ele passa os dias e as noites em companhia de mulheres jovens, pretendendo iniciá-las nos mistérios báquicos. Se o encontrar nesta casa, vou impedi-lo de agitar o seu tirso e sacudir os cabelos cacheados. Separarei seu pescoço de seu corpo.

É ele que diz que Dionísio é um deus (sim, ele diz isso) e que outrora foi costurado na coxa de Zeus — a criança que foi queimada pelo incandescente raio juntamente com sua mãe, porque ela falsamente apresentou Zeus como seu amante. Não é bastante para fazer um homem se angustiar, essa insolente desfaçatez, esse misterioso estrangeiro?

Mas vede! Eis um novo fenômeno. O vidente Tirésias envolto em peles de corço. E meu próprio avô — que ridículo! — fingindo-se de bacante com uma haste de funcho! Não, este não é o pai de minha mãe! Tão velho e tão louco! Por favor, joga fora esta hera. Largue esse tirso, livra dele a tua mão.

Foi instigação tua, Tirésias. É outro ardil teu para ganhar dinheiro com as tuas adivinhações com aves e fumegantes sacrifícios — apresentando um novo deus aos homens. Somente os teus cabelos brancos é que te livram de ficares acorrentado entre as bacantes, por introduzires esses ritos sacrílegos. Quando o efeito do vinho encontra um lugar nas festas de mulheres, há algo de malsão em tais celebrações, eu vos digo.

CHEFE DO CORO: Que blasfêmia! Estrangeiro, não tens respeito pelos deuses, nem respeito por Cadmo, que semeou os dentes do dragão? Irá o filho de Equion desgraçar sua família?

TIRÉSIAS: Dai a um homem inteligente um bom tema para expor, e é fácil falar bem. A tua língua, em verdade, se move facilmente, como se tivesses engenho, mas não há engenho no que dizes. O homem cuja força é sua impudência, cuja habilidade está de todo em sua língua, faz um mau cidadão — e estúpido também.

Essa nova divindade que ridicularizas — as palavras não podem descrever quanto será grande o seu poder sobre a Hélade. A humanidade, jovem, tem duas bênçãos principais: a deusa Deméter — isto é, a terra; chame-a por qualquer nome que queiras — que sustenta os homens com sólidos alimentos, e esse filho de Sêmele que veio mais tarde e compartilhou de seus dons. Ele inventou o líquido tirado da uva e o apresentou aos mortais. Quando estes recebem a sua dose da uva liquefeita, desaparecem os seus pesares. Ela lhes dá o sono e o esquecimento das preocupações quotidianas. Não há outro medicamento para as dificuldades. As libações que derramamos são o próprio deus firmando a nossa paz com os deuses, de modo que, por seu intermédio, a humanidade possa alcançar as suas bênçãos.

Zombas da versão de ter sido ele costurado dentro da coxa de Zeus. Vou ensinar-te a verdadeira interpretação disso. Quando Zeus o arrebatou da chama do raio e levou o deus menino para o Olimpo, Hera queria expulsá-lo do céu. Zeus, porém, concebeu um recurso contrário, como pode um deus. Quebrou um pedaço do céu que envolve a terra e deu-o à ciumenta Hera como um Dionísio *incorpóreo*. Os mortais, depois de algum tempo, porém, mudaram a palavra e disseram que o menino fora *incorporado* a

Zeus. E inventaram a versão de que ele fora costurado dentro da coxa do deus.

Ele é um deus profético. Aqueles em cujo espírito ele penetra, como os possessos, não têm um pequeno poder de profecia. Sempre que o deus penetra no corpo com todo o vigor, toma posse dos homens e os fazem predizer o futuro. Ele também assume uma parte das funções de Ares. Uma hoste armada, mais do que isso, alinhada, muitas vezes se dispersa em pânico, antes de ser erguida uma só lança. Também isso é uma espécie de loucura enviada por Dionísio (e seu acompanhante Pã). Chegará uma ocasião em que o verás mesmo no rochedo de Delfi, erguido no duplo pico do Parnaso, com as suas tochas de pinho, sacudindo e agitando seu báquico bastão. Ele será grande em toda a Hélade. Ouve-me, Penteu. Não presumas que o mero poder influencia os homens. Não sejas sábio em tua própria imaginação perturbada. Acolha prazerosamente o deus nesta terra, derrama libações, coroa a tua cabeça, festeja.

Nem mesmo Dionísio pode compelir as mulheres a serem castas. Eis que deves olhar a própria natureza das mulheres (pois a castidade resiste a todos os choques). Mesmo nas festividades báquicas, a boa mulher, pelo menos, não será corrompida.

Vês, tu te deleitas, quando uma multidão se reúne às vossas portas e a cidade exalta o nome de Penteu. Também ele, julgo eu, se deleita em ser honrado. Eu, portanto, e Cadmo, de quem ris, vamos nos coroar de hera e dançar. Um velho, encanecido par, mas dançar nós devemos. Não serei persuadido por tua lógica a combater os deuses. Estás doido, lamentavelmente doido. Nenhum feitiço pode curar uma doença que é ela própria um feitiço.

CHEFE DO CORO: Velho, tuas palavras honram Febo e tens razão honrando Brômio; ele é um deus poderoso.

CADMO: Meu filho, Tirésias te aconselhou bem. Fica conosco, não te afastes de nossos velhos costumes. Estás leviano neste momento. A tua sabedoria é insensata. Mesmo se não for deus, como dizes, admite para ti mesmo que é. Será uma muito honrosa falsidade. Isso faz com que Sêmele pareça ser a mãe de um deus e redundará em benefício a toda a nossa família.

Estás a par do triste destino de Actéon. Os cães comedores de carne que ele mesmo criara o fizeram em pedaços no campo, porque ele se vangloriou de ser superior a Ártemis. Não deixes que te aconteça algo semelhante. Vamos, deixa-me coroar a tua cabeça de hera. Homenageia o deus junto conosco.

PENTEU: Não encostes a tua mão em mim. Vai agir como bacante. Não lances tua loucura em mim! Este mestre de tuas loucuras terá o que merece. Que venha alguém a toda a pressa — e vá à casa deste homem, onde ele examina os seus pássaros. Destrui-a com alavancas, derrubai-a. Arrasai completamente todo o local. Atirai as suas redes aos ventos e tempestades. Isso há de exasperá-lo mais do que qualquer outra coisa.

Que outros de vós esquadrinhem a cidade e descubram aquele epiceno estrangeiro que impôs às mulheres essa estranha loucura e está conspurcando os nossos leitos. Se o apanhardes, traze-o aqui acorrentado para morrer, com a morte que merece — apedrejado. Ele viverá para se arrepender de seus desvarios em Tebas.

(Sai Penteu).

TIRÉSIAS: Pobre infeliz, como sabes pouco o que estás dizendo. Agora estás realmente louco. Perdestes a cabeça, uma vez, antes.

Vamos, Cadmo, receber o deus, em nome daquele homem, por mais furioso que esteja, e, para o bem da cidade, não permitindo que ocorra o mal. Vamos, segue-me com teu bastão de hera. Procura manter o teu corpo erecto, como faço com o meu. Seria uma desgraça para dois velhos cair. Não importa, porém. Devemos servir a Baco, filho de Zeus. Mas atenção, Cadmo, para que Penteu não leve para tua casa seu homônimo Pentos-Pesar. Isso não é profecia, mas um fato patente. Um louco fala loucura.

(Os dois velhos saem juntos).

CORO: Santidade, Santidade, rainha do Céu, quando voltas na direção da terra as tuas asas douradas, ouves estas palavras de Penteu? Ouviste o seu sacrílego desafio a Brômio, filho de Sêmele, o deus das belas grinaldas e da alegria, o príncipe dos Abençoados? Este é o seu reino: festejos e danças, sons de flauta e risadas e o afastamento das preocupações, quer a presença da uva alegre o banquete dos deuses, quer na terra as taças de vinho lancem o manto do sono em torno dos folgazões coroados de hera.

De lábios sem freio e a loucura sem peias o único fim é o desastre; mas a vida tranquila da sabedoria permanece inabalada e sustenta o lar. Eis que, embora morem bem longe, no firmamento, os filhos do céu olham os negócios dos homens. O conhecimento não é sabedoria. Pensamentos demasiadamente longos tornam a vida curta. Se o homem, em seu breve momento, anda atrás de coisas grandes demais para ele, pode perder as alegrias que estão ao seu alcance. Para a minha mente, isso é o caminho da loucura e da perversidade.

Oh! oxalá chegue eu a Chipre, ilha de Afrodite, onde mora o Amor, que apazigua o coração dos homens; a Pafos onde os regatos de cem bocas do rio bárbaro produzem frutos sem chuva. Aonde se ergue Pieria, rainha da beleza, sede das Musas, aonde o monte sagrado do Olimpo se situa — leva-me, Brômio, divino Brômio, à frente de tua báquica turba. Ali moram as Graças, ali mora o Desejo, ali é lícito às bacantes celebrarem as suas orgias.

A divindade, filho de Zeus, rejubila-se nos festivais. Ama a deusa Paz, que traz prosperidade e acalenta a juventude. Aos ricos e pobres dá, em medida igual, a abençoada alegria do vinho. Mas ele odeia o homem que não tem gosto para tais coisas — para uma vida de dias felizes e noites doces e venturosas, na sabedoria de conservar a mente e o coração distantes dos homens atarefados. Tudo em que a maioria, a gente simples, acreditar e seguir, isso aceitarei.

(Entra Penteu e é encontrado por um Serviçal, à frente de ajudantes, com o Estrangeiro Lídio acorrentado).

SERVIÇAL: Aqui estamos, Penteu. Apanhamos a presa que nos mandaste apanhar; a nossa expedição não foi em vão. A nossa caça — aqui — é uma criatura domada. Não se defendeu ou fugiu. Nenhuma palidez de medo expulsou o sangue de suas faces. Por sua livre vontade se entregou. Sorriu mesmo ao consentir em ser preso e acorrentado. Esperou que eu cumprisse o meu dever, e até mesmo me ajudou. Fiquei impressionado e lhe disse: "Estrangeiro, não é por minha vontade que te prendo, mas por ordem de Penteu que me enviou."

Por outro lado, aquelas bacantes que prendeste e fechaste na prisão pública se foram. Desvencilharam-se das cadeias que as prendiam e pularam para fora, rumo aos prados, gritando que Brômio era o seu deus. As correntes que lhes prendiam os pés se partiram espontaneamente, e as portas não foram abertas por mão humana. O homem que chegou à nossa Tebas é pleno de milagres. O restante é contigo.

PENTEU: Solta as mãos deste homem. Peado como está, não pode ter velocidade para escapar.

Muito bem! És muito belo, estrangeiro, para o gosto das mulheres, e isto é que te traz a Tebas. O teu cabelo é comprido, parece que nunca lutaste. Cai sobre as tuas faces, atraente. E a tua cútis é tão clara, esmeradamente. O Sol jamais a atinge; é na sombra que caças, caças Afrodite com a tua beleza. Dize-me primeiro quem és, de que raça.

O ESTRANGEIRO: Nada há para vangloriar, é fácil dizer. Sem dúvida já ouviste falar do florido Tmolo.

PENTEU: Eu sei. O círculo de montes que cerca a cidade de Sárdis.

O ESTRANGEIRO: Sou de lá. A Lídia é a minha pátria.

PENTEU: Como vieste trazer esses ritos à Hélade?

O ESTRANGEIRO: Dionísio me iniciou, o filho de Zeus.

PENTEU: Há lá no alto um Zeus que gera novos deuses?

O ESTRANGEIRO: Não, é o mesmo Zeus que aqui se juntou em matrimônio com Sêmele.

PENTEU: Foi em um sonho ou face a face que ele te colocou em seu serviço?

O ESTRANGEIRO: Ele me viu e eu o vi. Como prova, ele me deu ritos sagrados.

PENTEU: Essas vossas orgias, que forma têm?

O ESTRANGEIRO: É vedado aos mortais profanos conhecê-las.

PENTEU: Que proveito elas trazem aos devotos?

O ESTRANGEIRO: Não é lícito ouvires, mas são dignas de serem conhecidas.

PENTEU: Douras as palavras bem, para me tornar curioso.

O ESTRANGEIRO: As orgias do deus aborrecem o homem que pratica a impiedade.

PENTEU: Dizes que viste o deus claramente. Como ele é?

O ESTRANGEIRO: O que lhe agrada ser; não me compete prescrever.

PENTEU: De novo te esquivas, e evitas esclarecer.

O ESTRANGEIRO: Fala com sabedoria ao estúpido, e ele te julgará tolo.

PENTEU: E é este o primeiro lugar a que trazes o vosso deus?

O ESTRANGEIRO: Todos os bárbaros celebram os seus ritos e as suas danças.

PENTEU: Eles têm muito menos senso do que os helenos.

O ESTRANGEIRO: Nesse caso, pelo menos, têm mais. Os costumes diferem.

PENTEU: Esses ritos vós os executais de noite ou de dia?

O ESTRANGEIRO: À noite, em sua maior parte; a escuridão dá solenidade.

PENTEU: Trai as mulheres e solapa-lhes a moral.

O ESTRANGEIRO: Também de dia coisas vergonhosas podem ocorrer.

PENTEU: Mereces ser punido por teus vãos sofismas.

O ESTRANGEIRO: E tu por todas grosseiras blasfêmias contra o deus.

PENTEU: Como é atrevido o nosso bacante, um belo esgrimista — com palavras!

O ESTRANGEIRO: Dize-me o meu destino. Que coisa horrível pretendes me fazer?

PENTEU: Primeiro, cortarei tuas belas madeixas.

O ESTRANGEIRO: Eu as dedico ao deus. É para ele que as mantenho.

PENTEU: Em seguida, entrega este tirso.

O ESTRANGEIRO: Tira-o de mim tu mesmo. É o tirso de Dionísio que carrego.

PENTEU: E te fecharei na prisão.

O ESTRANGEIRO: O próprio deus me libertará, quando eu quiser.

PENTEU: Talvez, quando te encontras entre as vossas bacantes e o invocas.

O ESTRANGEIRO: Agora mesmo, ele está perto e vendo o que se passa comigo.

PENTEU: Então, onde se encontra? Não é aparente aos meus olhos.

O ESTRANGEIRO: Ele está comigo, mas a tua impiedade não permite que o vejas.

PENTEU *(aos guardas)*: Prendei-o. Este indivíduo zomba de mim e de Tebas.

O ESTRANGEIRO: Eu vos advirto seriamente: não me acorrenteis, ó tolos.

PENTEU: Mas eu tenho mais autoridade do que tu. Eu digo: "Acorrentai".

O ESTRANGEIRO: Não conheces o teu lugar. Não compreendes o que estás fazendo. Esqueces quem és.

PENTEU: Sou Penteu. Filho de Agave e de Equion.

O ESTRANGEIRO: Um nome apto a ser infausto.

PENTEU: Vamos! Prendei-o perto do palácio, na estrebaria. Que ele veja a penumbra e a escuridão. Que dance ali. Estas mulheres que trouxestes contigo, tuas cúmplices na malícia, eu as venderei ou as matarei no tear, como minhas escravas. Isso impedirá as suas mãos de baterem no couro dos pandeiros.

O ESTRANGEIRO: Irei. Não posso senão cumprir o meu destino. Lembre-se, porém: Dionísio, que negas, exigirá pleno pagamento por este ultraje. Quando me atacas, tu o estás acorrentando.

(Sem Penteu e o Estrangeiro preso).

CORO: Filha de Aquelau, sagrada Dirce, donzela abençoada! Um dia recebeste o filho de Zeus em tuas fontes, quando Zeus que o gerou o arrancou da chama imorredoura e colocou-o em sua coxa e clamou: "Vem, Ditirambo, entre em meu ventre masculino. Por esse nome, meu Baco, eu te proclamo a Tebas, e assim te chamarão". E no entanto, Dirce, tu me repeles quando trago as minhas festividades à tua terra. Por que me repudias? Por que me evitas? Chegará o tempo, juro pelos belos cachos das vinhas de Dionísio, o tempo chegará em que pensarás em Brômio.

(Que paixão, que paixão). Penteu anuncia largamente a sua estirpe nascida da terra, sua descendência do Dragão de antigamente, Penteu filho de Equion nascido da terra. Um monstro selvagem ele é; não homem mortal, mas um sanguinolento gigante nascido da terra, lutando contra os deuses. Em breve me acorrentará, porque pertenço a Brômio. Já prendeu meu companheiro de festejos dentro de sua casa, escondido em uma escura prisão. Vês essas coisas, Dionísio, filho de Zeus? Vês os teus profetas no meio de provações e dificuldades? Vem, rei, desce do Olimpo, brandindo o teu tirso dourado. Abate a presunção desse homem sanguinário.

Onde, imagino, em Nisa, no covil das feras, estás realizando os teus folguedos, de tirso em punho? Ou estás nos picos coricianos? Ou talvez estejas no Olimpo, rodeado de espessas florestas, onde outrora a música da harpa de Orfeu comandou as árvores, comandou os animais selvagens. És abençoada, Piéria; Évio te reverencia e irá realizar em ti os seus folguedos, com danças báquicas. Atravessará o torrentoso regato de Áxio. Conduzirá as suas rodopiantes mênades para Lídias, pai das águas, doador de riqueza e bênção ao homem. São as mais belas as águas de seus rios, dizem-me enriquecendo uma terra de nobres cavalos.

(Ouve-se o troar do trovão. Um raio fulgura sobre o túmulo de Sêmele. A terra treme. O Coro corre, gritando. Depois, ouve-se uma voz).

A VOZ *(dentro)*: Eia, ouvi-me, ouvi a minha voz! Eia, bacantes! Eia, bacantes!

ALGUMAS PARTICIPANTES DO CORO: Que grito, que grito é esse? De onde vem o apelo, o apelo báquico, convocando-me?

A VOZ *(dentro)*: Eia! Eia! Chamo de novo. O filho de Sêmele, o filho de Zeus.

OUTRAS PARTICIPANTES: Eia! Eia! O nosso senhor, o nosso senhor! Vem para a nossa turba festiva, ó Brômio, Brômio.

A VOZ *(dentro)*: Sacode o chão da terra, terrível Terremoto.

ALGUMAS PARTICIPANTES DO CORO: Ah! Ah! Dentro em pouco a casa de Penteu se transformará em ruínas.

OUTRAS PARTICIPANTES: Dionísio está no palácio! Adorai-o!

OUTRAS: Oh! Nós o adoramos!

OUTRAS: Vistes como os capitéis de pedra das colunas se afastam? Brômio canta o seu próprio triunfo dentro das salas.

A VOZ *(dentro)*: Acendei a lívida tocha do raio. Incendeia, incendeia e destrói o palácio de Penteu.

(Caem raios sobre o palácio e o monumento de Sêmele).

ALGUMAS PARTICIPANTES DO CORO: Ah! Ah! Olhai, vede o túmulo sagrado de Sêmele. Como se incendeia! É a chama do deus-trovão, ali deixada há muito tempo, a chama do raio de Zeus. Atirai ao chão os vossos trêmulos membros, Mênades.

Chega o nosso rei, o filho de Zeus, castigando em toda a extensão estes paços.

(Entra o Estrangeiro).

O ESTRANGEIRO: Mulheres de outra terra, estais tão tomadas pelo medo que caístes ao chão? Percebestes, parece, como Baco abalou a casa de Penteu. Levantai, porém, e tende coragem. Imobilizai os vossos trêmulos membros.

CHEFE DO CORO: A luz mais brilhante de nossa festividade báquica, quão alegre me sinto por te ver. Estávamos sós, abandonadas.

O ESTRANGEIRO: Desesperastes quando me levaram e estavam prestes a me lançarem nas escuras masmorras de Penteu?

CHEFE: Desesperamos, em verdade. Quem seria meu protetor, se algo te acontecesse? Mas como conseguiste escapar das garras daquele homem sem deus?

O ESTRANGEIRO: Com toda a facilidade, livrei-me sem qualquer ajuda.

CHEFE: Ele não prendeu as tuas mãos com cadeias e grilhões?

O ESTRANGEIRO: Também eu zombei dele. Ele pensou que estava me acorrentando, mas não conseguiu pôr um dedo em mim. Ele alimentou a sua fantasia. No estábulo aonde me levou para me manter prisioneiro, encontrou um touro, e passou os laços em torno de seus joelhos e dos cascos de seus pés. Arquejava furioso, o suor escorria por seu corpo e os seus dentes se fincavam nos lábios. E eu lá estava, sentando muito tranquilo, e olhando. Nesse momento, chegou Baco, e abalou a casa e provocou um incêndio no túmulo de sua mãe. Vendo o clarão, Penteu pensou que o palácio estava em chamas e correu de um lado para o outro, ordenando aos serviçais que trouxessem baldes de água. Todos os escravos se empenharam na tarefa, mas de nada adiantaram os seus esforços. Então, ele pensou que eu escapara. Suspendeu aqueles trabalhos e correu para casa, com a espada desembainhada. Brômio, porém, segundo me parece — estou lhe apresentando a minha conjectura — criou um fantasma no pátio. Penteu o atacou com fúria, e apunhalou o claro éter como se me estivesse matando. Além disso, Baco lhe impõe estas outras aflições: arrasou a prisão inteiramente, tudo está arruinado. Muito amargamente ele deve se arrepender por me ter mandado prender. A fadiga o fez largar a espada, e ele jaz exausto. Mero homem, teve a desfaçatez de travar combate com um deus. Saí tranquilamente da casa e vim para junto de vós. Não me interesso por Penteu.

Parece-me — passos ressoam na casa — que dentro em pouco ele chegará à sua frente. O que dirá depois disso? Que venha com todo o seu rompante: facilmente o enfrentarei. Uma modesta despreocupação é o sinal da sabedoria.

(Entra Penteu).

PENTEU: É um ultraje. O estrangeiro fugiu, aquele que fora há pouco acorrentado. Ah! Eis o homem! O que é isso? Como apareces diante de minha casa? Como saíste?

O ESTRANGEIRO: Eu não disse, ou não ouviste, que alguém me libertaria?

PENTEU: Quem? Contigo, é uma coisa estranha dita após a outra.

O ESTRANGEIRO: Aquele que cultiva a cacheada vinha para o homem.

PENTEU: (Uma triste dádiva, fazer com que os homens se esqueçam de si mesmos).

O ESTRANGEIRO: O que desprezas ele preza.

PENTEU: Mandarei fechar todas as portas nas muralhas.

O ESTRANGEIRO: Por quê? Não podem os deuses transpor as tuas muralhas?

PENTEU: Engenhoso és tu, muito engenhoso, mas não suficientemente engenhoso.

O ESTRANGEIRO: Naquilo que é mais importante, sou suficientemente engenhoso. Antes, porém, ouve e guarda bem as palavras daquele homem que está vindo da montanha com uma mensagem para ti. Aguardarei a tua resolução. Não fugirei.

(Entra Pastor).

PASTOR: Penteu, governante desta terra tabana, venho de Citéron, onde... (os claros flocos da alva neve jamais cessam).

PENTEU *(interrompendo)*: Que notícias trazes com tanta pressa?

PASTOR: Vi as desvairadas bacantes, que correm descalças de seus lares, frenéticas. Aqui estou ansioso para dizer-te e à cidade, rei, as terríveis coisas que elas fazem, coisas que são mais do que espantosas. Falarei de tais coisas livremente ou resumirei o meu relato? Quero que digas, ó rei. Tenho receio do teu temperamento impetuoso, tão apaixonado, tão autoritário.

PENTEU: Fala. Estás inteiramente a salvo de castigo da minha parte. Não é lícito irar-se com homens justos. Quanto mais horrível for o teu relato acerca das bacantes, tanto maior será o castigo que infligirei ao homem que ensinou tais artes às mulheres.

PASTOR: Os nossos rebanhos de vacas que pastavam apenas tinham começado a subir a encosta do monte, à hora em que o Sol lança os seus raios aquecer a terra. Vi três bandos de dançarinas; Autonoe era chefe do primeiro coro, tua mãe Agave do segundo e Ino do terceiro. Todas estavam entregues ao sono do cansaço. Algumas estavam reclinadas, com as costas apoiadas nos galhos de abeto, outras tinham se espalhado ao acaso no chão sobre folhas de carvalho (modestamente, não, como acusas, embriagadas com as malgas de vinho e o som da flauta e a sussurrante Cípris na floresta deserta).

Então, tua mãe se levantou no meio das bacantes e chamou-as para que agitassem seus membros livres do sono, quando ouviu o mugido das chifrudas vacas. As mulheres então expulsaram o pesado sono de seus olhos e se levantaram, uma visão de maravilhosa graciosidade. Havia mulheres jovens e mulheres velhas e donzelas ainda solteiras. Primeiro elas deixaram os cabelos soltos até os ombros, levantaram os couros de corça, cujos fechos estavam abertos, e cingiram os mosqueados couros com serpentes que lhes lambiam as faces. Outras tinham gazelas nos braços, ou filhotes selvagens de lobos, alimentando-os com o alvo leite. Eram jovens mães que tinham deixado para trás os filhos e ainda tinham os seios repletos de leite. Depois elas puseram grinaldas de hera e coroas de carvalho e do florido teixo. Uma pegou o tirso e bateu com ele em um rochedo, e do rochedo saiu uma fresca torrente de água. Outra bateu no chão com a vara de funcho, e o deus lhe enviou uma fonte de vinho. As que desejavam a alva bebida arranhavam a terra com as pontas dos dedos, e contavam com rica provisão de leite. Das hastes de hera escorriam doces fluxos de mel. Se estivesse ali para ver, terias te aproximado com preces do deus que agora injurias.

Nós, boiadeiros e pastores, reunimo-nos a fim de discutirmos uns com os outros as temíveis e maravilhosas coisas que faziam. Um homem, que gostava de vadiar pela cidade, e que tinha a palavra fácil, falou a toda aquela gente: "Vós que morais nos santificados terraços das montanhas, concordais que expulsemos a mãe de Penteu, Agave, de seus transportes báquicos e façamos um favor ao nosso rei?" Ele parecia falar bem, e, assim, fizemos uma emboscada no umbroso bosque, e nos escondemos. Ao mesmo tempo, elas sacudiram os tirsos para os seus folguedos e todas juntas, a uma só voz, invocaram Baco, o filho de Zeus, Brômio. Toda a montanha gritou "Baco" com elas. Os animais juntaram-se ao folguedo. Tudo se agitou, enquanto elas corriam.

Ora, aconteceu que Agave passou correndo perto de mim e eu pulei e tratei de agarrá-la, saindo da tocaia onde estava escondido. Ela, porém, deu um grito: "Ah minhas velozes seguidoras, estamos sendo caçadas por esses homens! Segui-me, porém, segui-me com os vossos bastões como armas".

Fugimos e escapamos de sermos despedaçados pelas mãos das bacantes. Mas com mãos nuas, desarmadas, as mulheres atacaram as novilhas que pastavam. Havias de ver uma segurando pelas patas uma bem nutrida novilha que berrava e berrava. Outras separavam os novilhos. Podiam-se ver costelas ou cascos fendidos atirados aqui e ali, e pedaços cobertos de coágulos pendurados em galhos de abeto, pingando sangue. Os touros — esquecida a ameaça de seus chifres — eram puxados e arrastados ao chão pelas mãos de incontáveis jovens mulheres. Mais rápidas eram elas ao despedaçarem as carnes do que o tempo que levarias para baixar as pálpebras de teus olhos reais. Como aves, elas cobriram o terreno em seu vôo ao arrasarem as extensas planícies junto aos rios de Asopo que produzem as melhores colheitas de Tebas. Como um exército invasor, caíram sobre Hisiae e Eritrae, que se abrigam sob as encostas de Citéron, e por toda a parte espalharam a confusão e os estragos. Pilharam lares ao acaso. Carregaram nos ombros o saque, e, embora não o amarrassem, ele se manteve firme; coisa alguma caiu na terra negra, nem bronze, nem ferro. Elas levaram o fogo em seus cabelos, e o fogo não as queimou. Alguns de nós, enfurecidos com as depredações das bacantes, recorremos às armas. E ocorreu uma coisa terrível de ser vista, ó rei. Lanças ponteagudas não derramavam sangue, enquanto as mulheres arremessavam varas e feriam os seus atacantes até eles virarem as costas e fugirem. Então elas voltaram ao lugar de onde tinham saído, às fontes que o deus abrira para elas. Lavaram o sangue, enquanto as serpentes lambiam o sujo em suas faces.

Essa divindade, pois, seja quem for, ó rei, recebe na cidade. Em muitas coisas esse deus é poderoso. Também dizem a seu respeito, eu ouvi, que ele dá aos mortais o vinho que põe termo aos pesares. Se ele não existe, então não existe Cípris, em qualquer alegria para os homens.

(CHEFE): Sinto-me temerosa de falar livremente a quem é meu senhor, mas tenho a dizer: não há deus maior que Dionísio.

(Sai Pastor).

PENTEU: Aproxima-se, como um incêndio devastador, essa báquica ameaça. Somos desgraçados aos olhos de Hélade. Não pode haver demora. Ide às portas Eletrantes; ordenai a todos os hoplitas e todos os cavaleiros dos corcéis ligeiros que se ponham em forma, a todos aqueles que carregam broquéis e a todos aqueles cujas mãos manejam o arco. Marcharemos contra as bacantes. Verdadeiramente, isso está indo longe demais, ser tratado dessa maneira por parte de mulheres.

O ESTRANGEIRO: As minhas palavras, sem dúvida, não conseguirão convencer-te, Penteu; mas, apesar do mal que me fizeste, aconselho-te a não pegar em armas contra um deus. Mantém a calma. Brômio não te permitirá que expulses suas bacantes nos montes do culto.

PENTEU: Não me venhas com conselhos. Escapaste de meus grilhões; não te esqueças disso. Ou deverei fazer justiça contigo?

O ESTRANGEIRO: Em teu lugar, eu lhe ofereceria sacrifícios em vez de te irares e esmurrares a faca ponteaguda: um homem contra um deus.

PENTEU: Sacrificarei em verdade — aquelas mulheres. Farei uma grande e merecida matança nos vales de Citéron.

O ESTRANGEIRO: Serás obrigado a fugir. E será uma desgraça, quando elas, com seus bastões báquicos, rechaçarem os teus escudos de bronze.

PENTEU: Não há entendimento possível com este estrangeiro. De um modo ou de outro, ele insiste no que diz.

O ESTRANGEIRO: Amigo, é possível corrigir-se a situação.

PENTEU: Como? Sendo um escravo de meus próprios escravos?

O ESTRANGEIRO: Trarei as mulheres aqui sem usar armas.

PENTEU: Ai de mim! Eis uma ardilosa maquinação contra mim.

O ESTRANGEIRO: Maquinação como, se quero te salvar com os meus recursos?

PENTEU: Estás conspirando com elas, para estabelecer vossas orgias o tempo todo.

O ESTRANGEIRO: Conspirando de fato, é verdade, mas com o deus.

PENTEU *(aos serviçais)*: Trazei aqui minha armadura. *(Ao Estrangeiro)*. E tu, para de falar!

O ESTRANGEIRO *(depois de refletir)*: Ah! Gostarias de vê-las em suas reuniões na montanha?

PENTEU: Muitíssimo. Ah!, e pagaria ouro sem conta pelo prazer.

O ESTRANGEIRO: Por que concebeste tão forte desejo?

PENTEU: Embora me fosse penoso vê-las embriagadas com vinho...

O ESTRANGEIRO: Gostarias de vê-las, com pena e tudo.

PENTEU: Sem dúvida gostaria, se pudesse ficar tranquilamente sentado embaixo dos abetos.

O ESTRANGEIRO: Mas elas te descobririam, ainda mesmo se não fosses visto.

PENTEU: Então seria feito abertamente; sua observação é muito justa.

O ESTRANGEIRO: Iremos então? Faremos a viagem?

PENTEU: Leva-me bem depressa. Não quero perder um minuto.

O ESTRANGEIRO: Põe sobre o teu corpo vestes de fino linho.

PENTEU: Por que? Eu, um homem, vestir-me como o outro sexo?

O ESTRANGEIRO: Elas te matarão, se fores visto como homem.

PENTEU: De novo a tua observação é bem correta. Tens algo de veterano na astúcia.

O ESTRANGEIRO: Foi Dionísio que me ensinou tais coisas.

PENTEU: Como, então, o teu conselho poderá ser mais devidamente seguido?

O ESTRANGEIRO: Entrarei e te vestirei.

PENTEU: Que espécie de vestuário? De mulher? Tenho vergonha.

O ESTRANGEIRO: Não está mais ansioso para ver o espetáculo das ménades.

PENTEU: Que vestes porás sobre o meu corpo?

O ESTRANGEIRO: Espalharei os teus cabelos bem sobre a tua cabeça.

PENTEU: O que mais constará dos meus aprestos?

O ESTRANGEIRO: Túnicas que chegarão aos pés e uma fita em tua cabeça.

PENTEU: Há mais alguma coisa que queiras acrescentar?

O ESTRANGEIRO: Um tirso em tua mão, e a pele malhada de um corço.

PENTEU: Não é possível que eu vista trajes de mulher.

O ESTRANGEIRO: Então, terás que combater as bacantes e provocar derramamento de sangue.

PENTEU: É certo. Devemos primeiro ir fazer o reconhecimento.

O ESTRANGEIRO: Se buscas objetivos malignos, é sensato pelo menos evitar recursos malignos.

PENTEU: Como, porém atravessarei a cidade sem ser visto pelos cidadãos?

O ESTRANGEIRO: Iremos através de ruas desertas. Eu te guiarei.

PENTEU: Tudo é preferível a permitir que as bacantes escarneçam de mim. Vamos entrar; verei o que é melhor.

O ESTRANGEIRO: Perfeitamente, estou preparado seja para o que for.

PENTEU: Irei. Ou irei armado, ou seguirei o teu conselho.

(Sai Penteu, entrando no palácio).

O ESTRANGEIRO: Mulheres, o nosso peixe está pronto para ser fisgado. Ele irá para junto das bacantes, e ali perderá a vida. Dionísio, a tarefa agora é contigo. Não estás longe. Castiga aquele homem. Primeiro, tira-lhe o juízo, torna-o um tanto louco. Se ele estiver em seu juízo perfeito, não haverá jamais possibilidade de fazê-lo vestir-se como mulher. Se, porém, a sua mente for transtornada, ele assim se vestirá. Depois de suas truculentas ameaças, quero torná-lo ridículo aos olhos dos tebanos, quando ele atravessar a cidade parecendo uma mulher. Irei vestir Penteu, com o traje que ele levará ao Hades, morto pelas mãos de sua mãe. Ele irá conhecer Dionísio, filho de Zeus, que é um deus, terrível no poder, mas gentilíssimo para com a humanidade.

(Sai, entrando no palácio).

CORO: Voltarei de novo, nas danças que duram toda a noite, plantar meu alvo pé nos folguedos báquicos, sacudindo a cabeça no ar orvalhado, como uma alegre corça brincando na verde pastagem, livre do terror da caça, dos olhos atentos e das que espreitam e das bem dispostas redes, do caçador animado em sua incansável perseguição? Perseguida, ela corre pelas margens dos rios, veloz como o vento da tempestade, e se rejubila à sombra das copas das árvores da floresta, nas solidões invioladas pelo homem.

O que é a sabedoria? Que dádiva dos deuses é mais grata aos homens do que estender a mão vitoriosa sobre a cabeça de um dos inimigos? O que é grato é sempre valioso.

Lenta, mas seguramente, o poder divino avança. Castiga os mortais que honram a brutalidade, aquele que alimenta a ilusão de não glorificar os deuses. Os deuses são astuciosos: ficam à espreita durante muito tempo para apanharem os ímpios. Acima das doutrinas estabelecidas nenhum conhecimento ou nenhuma prática pode se manter. Custa pouco acreditar no poder e mistério dos deuses, aceitar o que está firmado na natureza e aceito pelos usos de longas épocas.

O que é sabedoria? Que dádiva dos deuses é mais grata aos homens do que estender a mão vitoriosa sobre a cabeça de um dos inimigos? O que é grato é sempre valioso.

Feliz é aquele que escapou da tempestade no mar e encontrou um porto. Feliz é aquele que se ergueu triunfante sobre os seus esforços. De uma maneira ou de outra o homem ultrapassa outro na corrida pela riqueza e pelo poder. E mil outros acalentam mil esperanças; algumas resultam em felicidade para mortais e algumas falham. Mas eu chamo de abençoado o homem cuja vida é feliz dia a dia.

(O Estrangeiro entra e chama Penteu, que esteve vestindo, convidando-o a sair).

O ESTRANGEIRO: Penteu! Se estás tão ansioso de veres as coisas secretas, tão curvado ao mal, vem para a frente da casa; deixa-nos ver como estás vestido de mulher, como uma mênade báquica, pronto para espionar tua mãe e suas companheiras.

*(Entra Penteu em trajes báquicos; caminha e fala s
ob uma influência estranha).*

Pareces uma das filhas de Cadmo.

PENTEU: Tenho a impressão de que estou vendo dois sóis e uma dupla Tebas, duas cidades de sete portas. E um touro está me conduzindo, pareces um touro, com chifres em tua cabeça. Já foste jamais um animal? Certamente pareces um touro.

O ESTRANGEIRO: O deus é a nossa escolta. Ele era antes hostil, mas agora fez as pazes contigo. Agora vês como deves.

PENTEU: Como é o meu aspecto? Não tenho a aparência de Ino? Ou de Agave, sim, minha própria mãe Agave?

O ESTRANGEIRO: Quando te olho, tenho a impressão de vê-las, elas próprias. Mas uma das tuas tranças não está no lugar. Saiu de onde a prendi, embaixo da fita.

PENTEU: Deve ter caído, quando eu estava sacudindo as minhas madeixas para cima e para baixo, no êxtase báquico.

O ESTRANGEIRO: Vou arrumá-la de novo. Sou tua camareira. Vamos, levanta a cabeça.

PENTEU: Pronto. Conserta-a. Conto contigo.

O ESTRANGEIRO: Seu cinto se desamarrou. E a barra da tua saia está desnivelada nos calcanhares.

PENTEU: Eu também achei, pelo menos no pé direito. O resto está certo, no esquerdo.

O ESTRANGEIRO: Tenho certeza de que irás me considerar o teu melhor amigo, quando eu te surpreender e mostrar-te as bacantes sóbrias.

PENTEU: Devo segurar o tirso na mão direita, ou nesta aqui fica mais parecido com uma bacante?

O ESTRANGEIRO: Segura com a mão direita e estende-o quando deres um passo para a frente. Sinto-me satisfeito, vendo que a tua mente mudou.

PENTEU: Achas que posso carregar em meus ombros as pedras de Citéron, as bacantes e tudo mais?

O ESTRANGEIRO: Podes, se quiseres. A mente que tinhas antes não era sã, mas agora te encontras em um estado adequado.

PENTEU: Vamos levar alavancas? Ou arrancar as pedras com as minhas mãos, fazendo força com o ombro ou com o braço?

O ESTRANGEIRO: Por favor! Não destruas os santuários das ninfas e os retiros de Pã e de sua música.

PENTEU: Tens razão. Não se vai vencer as mulheres pela força. Eu me esconderei entre os abetos.

O ESTRANGEIRO: Ficarás tão bem escondido quanto eu achar ser necessário, rastejando para espionar as mênades.

PENTEU: Além disso, espero que elas não deixem os seus leitos nos bosques, apanhadas como pássaros e gostando disso.

O ESTRANGEIRO: Isso é exatamente aquilo que irás ver. Talvez as surpreendas, se não fores tu mesmo surpreendido.

PENTEU: Conduze-me através do meio de Tebas. Sou o único de seus homens capaz de realizar essa aventura.

O ESTRANGEIRO: És o único que te preocupas com a tua cidade, o único. Portanto, provações te esperam, sérias provações. Segue-me. Eu te conduzirei são e salvo; outra pessoa te trará de volta...

PENTEU: Sim, minha mãe.

O ESTRANGEIRO: Um brilhante exemplo para todos.

PENTEU: É por isso que venho.

O ESTRANGEIRO: Serás trazido de volta...

PENTEU: Prometes-me deleite.

O ESTRANGEIRO: Nas mãos de tua mãe.

PENTEU: Tu me tornarás elegante.

O ESTRANGEIRO: Elegante de verdade!

PENTEU: A minha empresa o merece.

O ESTRANGEIRO: És um homem notável, notável na verdade; e é uma experiência notável que estás fazendo. Alcançarás uma fama que há de subir até o céu. Abre os teus braços, Agave, e abri os vossos, suas irmãs, filhas de Cadmo. Trago este ousado jovem para uma disputa famosa. O vencedor serei eu, eu e Brômio. O resto os acontecimentos mostrarão.

(Sai com Penteu).

CORO: Avante, velozes rafeiros da Loucura, para ali onde as filhas de Cadmo se entregam ao seu arrebatamento. Incitai-as à fúria contra aquele que se mascara em trajes de mulher, o maníaco que espiona as mênades. Sua mãe o verá primeiro atrás de um escorregadio rochedo ou de um tronco de árvore. Ela gritará para as mênades; "Quem é aquele espião que vem às montanhas para nos espionar, a nós tebanas, quando festejamos na montanha? Quem é a mãe que o gerou? Não do sangue das mulheres nasceu esse homem, mas de alguma leoa, alguma Córgona da Líbia".

Que a Justiça avance bem visível, avance de espada em punho, para cortar o pescoço, para matar o homem sem deus, o homem sem lei o ímpio, o bárbaro, o desumano filho de Equion, nascido na terra.

Com o seu gênio violento e sua ira implacável, ele visita tuas orgias, Baco, tuas e de tua mãe. Na loucura de seu coração, na ilusão de seu pensamento, ele pensa que a violência pode dominar o Invencível. Há, porém, um pronto e dispostos a corrigir as suas heresias: a Morte. Conhecer os limites da mortalidade constitui uma vida sem pesares. Não invejo o falso conhecimento; comprazo-me em abatê-lo. As outras coisas, as grandes coisas, não são abstrusas. Ah! deixai a minha vida fluir tranquilamente; deixai-me procurar o bem a pureza e a piedade, desde a manhã até a noite, honrando os deuses e eliminando todas as práticas ilícitas.

Que a Justiça avance bem visível, avance empunhando a espada, para cortar o pescoço, para matar o ímpio, o bárbaro, o desumano filho de Equion.

Apareça como um touro, como um dragão de muitas cabeças à vista, como um leão feroz à vista. Avante, Baco, com teu rosto sorridente, lança o teu laço em torno do caçador das bacantes, caído entre o fatal bando das mênades.

(Entra Mensageiro).

MENSAGEIRO: Ah! casa outrora próspera em toda a Hélade, casa do velho de Sidon que na terra da Serpente semeou a messe nascida do dragão, como lamento por ti! Sou apenas um escravo, mas ainda assim... (os bons escravos se comovem com as calamidades de seus senhores).

CHEFE DO CORO: Do que se trata? Tens notícias a contar acerca das bacantes?

MENSAGEIRO: É morto Penteu, o filho de Equion.

CORO: Senhor Brômio, mostras-te ser um deus poderoso!

MENSAGEIRO: O que dizeis? O que foi? Regozijais com a morte de meu senhor, mulher?

CORO: Sou estrangeira, e com bárbaras melodias saúdo o meu deus. Não mais me encolho com medo das cadeias.

MENSAGEIRO: Achas que Tebas é tão carente de homens...

CORO: É Dionísio, Dionísio e não Tebas, que tem poder sobre mim.

MENSAGEIRO: Posso compreender; mas não é correto, mulheres, regozijar-se com as aflições que não têm remédio.

CHEFE DO CORO: Dize-me, dize, de que morte ele morreu, o malvado, o artífice da malvadez?

MENSAGEIRO: Quando deixamos para trás as casas desta terra tebana e atravessamos as correntes do Asopo, chegamos às elevações de Citéron, eu e Penteu — eu acompanhava o meu senhor — e o estrangeiro que conduzia a nossa peregrinação.

Primeiro, paramos em uma clareira verdejante. Não fizemos ruído, falando ou caminhando, a fim de vermos sem sermos vistos. E ali, além de uma escarpada ravina, onde os pinheiros escuros se erguiam junto às águas de um regato, estavam sentadas as mênades, com as mãos ocupadas em tarefas agradáveis. Algumas enfeitavam os bastões já usados com novas grinaldas de hera. Outras, como potros livres do pesado jugo, cantavam alegremente as suas báquicas antífonas. Penteu, coitado, não viu a multidão de mulheres, e disse: "Estrangeiro, de onde me encontro, os meus olhos não podem alcançar aquelas malditas mênades. Se eu chegar à beirada e subir em uma altura aberta, poderei ter uma visão perfeita de suas selvagens obscenidades".

Então ocorreu o milagre: vi o estrangeiro agarrar a elevada copa de um altíssimo abeto e dobrá-lo para baixo, bem para baixo, até o negro chão, até que o tronco ficou arqueado como um arco retezado. Assim o estrangeiro puxou o tronco da árvore da montanha e o dobrou até a terra: não foi façanha de mortal o que ele fez. Depois que acomodou Penteu nos galhos do abeto, deslizou as mãos pelo tronco, deixando que ele se erguesse de novo; devagar, contudo, pois uma subida abrupta atiraria longe o que lá se encontrava. Muito alto, no alto ar, ergueu-se o abeto, com meu senhor sentado no topo. E então ele viu as mênades, não tão bem, todavia, como elas o viram. Mal elas o viram, o estrangeiro sumiu de vista, e uma voz vinda do céu, que eu acho ser a de Dionísio, gritou bem alto: "Jovens mulheres, eu trouxe o homem que vos ridiculariza e me ridiculariza e ridiculariza os nossos sagrados ritos. Vingai-vos". Mesmo enquanto falava, provocou uma misteriosa coluna de fogo que se ergueu da terra para o céu.

Nem um ruído se ouvia no ar, nem um ruído se ouvia nas árvores do vale, não se ouvia um só grito de criatura alguma. As bacantes, porém, não tinham ouvido o grito distintamente. Puseram-se de pé e correram os olhos pelo cenário. E de novo ele as exortou. Então, as filhas de Cadmo reconheceram a clara ordem de Baco. Correram, velozes como um bando de pombas, apressando, com passos ansiosos, decididos, a sua mãe Agave e as irmãs dela e todas as bacantes. Através do vale, sobre torrentes e penedos, elas saltaram, enlouquecidas pela inspiração do deus. Quando viram o meu senhor sentado no abeto, logo se colocaram em um alto rochedo em frente e começaram a apedrejá-lo furiosamente. Algumas atiravam-lhe galhos de abeto, outras lhes lançavam os seus tirsos. Visavam mal, no entanto, e não tinham sucesso. Meu senhor estava acima de seu alcance, um indefeso e lamentável cativo. Afinal, elas sacudiram violentamente os ramos do carvalho e começaram a escavar as raízes da árvore onde ele se encontrava com suas alavancas improvisadas. Quando não conseguiram ser bem-sucedidas em seus esforços, Agave falou: "Vinde, ficai em círculo e tomai o tronco. Temos que capturar o animal encurralado (senão ele revelará os segredos das danças do deus)". Mãos incontáveis se agarraram ao abeto e o arrancaram do chão. Penteu caiu do alto, rodopiando até a terra. Muitos e muitos foram os seus gemidos; ele viu, porém, que a sua hora estava bem próxima. Sua mãe o atacou, sacerdotisa começando o sacrifício. Ele arrancou a cobertura da cabeça, a fim de que a pobre Agave o reconhecesse e não o matasse. Tocou-lhe a face e disse: "Sou seu filho, mãe, Penteu, que geraste em casa de Equion. Tem piedade de mim, minha mãe; por causa de meus pecados, não mates teu filho".

Ela, porém, lançava espuma pela boca e tinha os olhos arregalados, fora de seu juízo, possuída por Baco. As súplicas do filho foram em vão. Ela arrancou a mão dele de seu braço esquerdo e deu-lhe um pontapé no flanco e arrancou-lhe o braço do ombro — não com a sua própria força; foi o deus que facilitou o trabalho de suas mãos. Ino fazia estragos do outro lado, enquanto Autonoe e toda a horda báquica pressionavam. Foi tudo um tumulto selvagem: Penteu estertorava, com o pouco de respiração que ainda lhe restava, e as bacantes gritavam em triunfo. Uma carregava um braço, outra um pé, com sapato e tudo. Despedaçavam o corpo, arrancando a carne das costelas. Todas, com as mãos ensanguentadas, brincavam de jogar bola com a carne de Penteu.

O seu corpo jaz despedaçado, em parte sob os escarpados rochedos, em parte nas verdes profundezas da floresta; não será fácil encontrá-lo. Sua mãe tem a sua pobre cabeça. Ela a agarrou e colocou-a na ponta de um tirso. Acha que é a cabeça de um leão da montanha, que ela carrega no meio do Citéron. Deixou suas irmãs nas danças das mênades, e está voltando para dentro destas muralhas, vangloriando-se de sua infortunada presa. Está invocando Baco, seu "companheiro caçador", seu "camarada de caçada", seu "herói vitorioso". Amargos para ela são os frutos da vitória que traz.

Sairei do caminho dessa calamidade antes que Agave volte para casa. É o melhor que pode fazer um homem virtuoso e temente dos deuses. E imagino que é também o caminho mais sensato que um mortal deve seguir.

(Sai Mensageiro).

CORO: Dancemos em glória de Baco, gritemos exaltando a calamidade de Penteu, prole da antiga serpente. Ele vestiu trajes femininos, levou um belo galho de funcho: o uniforme do deus — da morte. E um touro lhe mostrou o caminho da destruição. Bacantes de Tebas, glorioso é o peã que completastes, terminado em gemidos e lágrimas. É divertido arremessar a um filho um braço escorrendo o seu próprio sangue.

CHEFE DO CORO: Mas ficai. Vejo a mãe de Penteu, Agave, correndo, com um olhar de louca para a casa. Saudai o ritual do deus báquico.

(Entra Agave, frenética, coberta de sangue, com a cabeça de Penteu em seu tirso).

AGAVE: Bacantes da Ásia...
CORO: Para o que me mandas? Oh!
AGAVE: Trago das montanhas para os nossos passos uma haste recém-cortada. Feliz foi a caçada.
CORO: Estou vendo; e dou-te as boas vindas à nossa festa.
AGAVE: Sem um laço o apanhei — o filhote de um leão selvagem. Olhai e vede.
CORO: De onde nas selvas?
AGAVE: Citéron...

CORO: Citéron?

AGAVE:... o matou.

CORO: Qual foi aquela que o feriu?

AGAVE: Tive a primeira honra. "Feliz Agave" me chamaram nas festividades.

CORO: E quem mais?

AGAVE: De Cadmo as próprias...

CORO: De Cadmo o quê?

AGAVE: As próprias filhas. Feriram sua presa, mas depois de mim, depois de mim. Felizes com a caçada.

CORO: (LACUNA)

AGAVE: Então, participai da festa.

CORO: O quê? Eu participar? Pobre mulher!

AGAVE: O filhote ainda é novo; as suas faces embaixo estão apenas começando a se cobrir de uma fina penugem.

CORO: Com a sua juba ele pode ser um animal selvagem.

AGAVE: Baco, o hábil caçador, habilmente incitou as mênades contra esse animal.

CORO: O nosso rei é um caçador.

AGAVE: Louvais-me?

CORO: Louvo-te.

AGAVE: Em breve os troianos.

CORO: Sim, e teu filho Penteu.

AGAVE: Louvarão sua mãe por ter caçado este animal acuado, este filhote de leão.

CORO: Notavelmente acuado!

AGAVE: Notavelmente caçado!

CORO: Estás orgulhosa?

AGAVE: Satisfeitíssima. Grandeza, manifesta grandeza, alcancei com essa captura.

CHEFE DO CORO: Mostra ao povo da cidade, pobre mulher, a presa de tua vitória, que trouxeste contigo.

AGAVE: Ó vós que morais nesta bela cidade murada de terra tebana, vinde ver esta presa, a fera que nós, filhas de Cadmo, abatemos, não lançando os dardos dos tessálios, não com redes, mas com os nossos alvos braços e nossas mãos. Por que, então, os homens se vangloriam e buscam em vão instrumentos com os armeiros? Com as nossas mãos nuas captivamos este animal e o despedaçamos.

Que é de meu velho pai? Que ele se aproxime. E Penteu, meu filho, onde está? Que ele traga uma sólida escada e a encoste na casa, a fim de que possa pregar no triglifo a cabeça de leão que eu trouxe da caçada.

(Entra Cadmo vagarosamente, com serviçais carregando em um ataúde os restos mortais de Penteu).

CADMO: Segui-me e trazei a vossa triste carga, o cadáver de Penteu. Segui-me, serviçais, à casa aonde vou levar este corpo. Depois de infindável esforço procurando-o, encontrei-o no bosque sem trilhos, despedaçado nos vales de Citéron. Não havia dois pedaços no mesmo lugar.

Eu viera do meio das bacantes com o velho Tirésias, e já me encontrava dentro das muralhas da cidade, quando alguém me pôs a par da ação desesperada de minha filha. Voltei a montanha para procurar seu filho, morto pelas bacantes. Ali vi aquela que outrora gerou Acteon para Aristeu, isto é, Autonoe, ela e Ino, ainda tomadas pelo delírio, pobres mulheres, na floresta de carvalhos. Agave, porém, disseram-me, estava voltando para aqui, com andar frenético. E o que ouvi não era uma inverdade, eis que aqui a vejo, uma infeliz visão.

AGAVE: Meu pai, tu é que deves orgulhar acima de tudo: geraste filhas que são as melhores em todo o mundo, todas as tuas filhas, estou dizendo, mas eu acima de todas. Deixei a minha lançadeira no tear; alcancei coisas maiores, cacei animais com as minhas próprias mãos. Trouxe em meus braços, como vês, este prêmio de minha coragem, para pendurar em tuas paredes. Toma-o, pai, em tuas mãos. Exulta com a minha caçada e convida os teus amigos para uma festa. És abençoado, sim, abençoado, nas façanhas que executei.

CADMO: Ah! Dor imensurável, não posso olhar! Assassínio foi o que executaste, com tuas mãos desgraçadas. Uma nobre vítima é esta que abateste para os deuses; e agora convidas esta Tebas e me convidas para a festa! Ai de mim por esses infortúnios, teus primeiro, e meus em seguida. Que ruína o deu, o rei Brômio, nos impôs; com justiça, é certo, mas sem misericórdia, embora tenha nascido em nossa casa.

AGAVE: Que coisa desagradável é a velhice nos homens, quão feio é o seu aspecto! Quero que meu filho siga o exemplo de sua mãe, e seja tão feliz na caça, quando sair caçando animais selvagens com os jovens de Tebas. Mas aquele homem só serve para brigar com os deuses. Deve ser admoestado, meu pai; e tu é que podes fazer isso. Alguém o traga aqui à minha vista, para que me veja feliz.

CADMO: Ai, Ai! Se compreenderes o que fizeste irás penar um profundo penar. Se, porém, continuares até o fim em teu presente estado, a tua aflição será uma bênção disfarçada.

AGAVE: O que há aqui não é correto? Qual o motivo para sofrimento?

CADMO: Primeiro, volta os teus olhos para o alto do céu.

AGAVE: Pronto. Por que me dizes para olhá-lo?

CADMO: Está ainda o mesmo, ou te parece diferente?

AGAVE: Está mais brilhante do que antes, mais transparente.

CADMO: Há o mesmo desassossego em tua alma?

AGAVE: Desassossego? Não sei. Estou me tornando... de certo modo... (sensível. Os pensamentos que tinha, se foram).

CADMO: Podes me ouvir. Podes responder claramente?

AGAVE: Esqueci-me do que estava dizendo, meu pai.

CADMO: Para que casa foste como noiva?

AGAVE: Tu me deste a Esquion, Esquion da raça do Dragão, dizem.

CADMO: Que filho nasceu para o teu marido em tua casa?

AGAVE: Penteu, para mim e seu pai juntos.

CADMO: De quem é a cabeça que tens em teus braços?

AGAVE: De um leão, pelo menos aquelas que caçaram assim disseram.

CADMO: Olha direito para ela. Basta um pequeno esforço para vê-la.

AGAVE: Ah! O que vejo? O que é isto que eu trouxe para casa em minhas mãos?

CADMO: Olha para ele, repara-o bem.

AGAVE: Vejo um horrível sofrimento. Ah! Quanto sou desgraçada!

CADMO: Não te parece semelhante a um leão?

AGAVE: Não, é a cabeça de Penteu que seguro. Ó desgraça!

CADMO: Sim, pranteada por mim, antes que o reconheceste.

AGAVE: Quem o matou? Como veio ele parar em minhas mãos?

CADMO: Infortunada verdade, quão tardiamente despontas!

AGAVE: Fala, meu coração se sobressalta temendo o que virá.

CADMO: Tu o mataste, tu e tuas irmãs.

AGAVE: Onde ele morreu? Foi em casa? Em algum outro lugar?

CADMO: Onde os cães certa vez despedaçaram Actéon.

AGAVE: Por que a infeliz criatura foi a Citéron?

CADMO: Foi para zombar do deus e de vossos festejos báquicos.

AGAVA: Mas nós... como fomos lá?

CADMO: Tínheis enlouquecido, toda a cidade fora tomada pelo delírio de Baco.

AGAVE: Dionísio nos desgraçou. Demasiadamente tarde o vejo.

CADMO: Por afronta que lhe foram feitas; não o tínheis na conta de deus.

AGAVE: O corpo de meu filho querido, pai, onde está?

CADMO: Aqui o trago... com dificuldade, recuperado.

AGAVE: Está decentemente composto? *(Cadmo fica em silêncio).* Que parte desempenhou a minha loucura no destino de Penteu?

CADMO: Ele estava como tu... blasfemando contra o deus. Assim, o deus juntou todos vós em uma única destruição, vós e este infortunado. A casa está desfeita e eu também, pois não tenho filho varão, e vi este fruto de teu ventre, infeliz mulher, louco e horrivelmente morto. *(Ao corpo de Penteu)*. Para ti a casa erguia os olhos; eras o esteio desta casa, meu neto. Filho de minha filha, mantinhas a cidade em respeito. Ninguém que via a tua presença ousava ultrajar o velho; eis que impunhas a devida penalidade. Agora, porém, serei expulso da minha casa, desonrado, eu, o grande Cadmo, que semeei a raça dos tebanos e fiz uma excelente colheita. Ah, mais querido dos homens — sim, mesmo na morte eu te considerarei o mais querido, meu filho — nunca mais tocarás a minha face com a tua mãe e me chamarás "pai de minha mãe" e me beijarás, meu filho, e dirás: "Alguém te incomoda? Alguém te desrespeita, velho? Alguém te perturba e aflige o teu coração? Dize-me e castigarei quem quer que te faça mal, meu pai!"

Agora, porém, restam a dor para mim e a desgraça para ti, sofrimento para tua mãe e desgraça para as suas irmãs. Se há alguém que desdenha as divindades, que contemple a morte deste homem e acredite nos deuses.

CHEFE DO CORO: Tenho pena de ti, Cadmo. Teu neto teve o que mereceu, o justo merecimento, mas o sofrimento te afligiu.

AGAVE: Meu pai, vês como tudo mudou para mim... (ESTÃO PERDIDOS UM LONGO LAMENTO DE AGAVE, ALGUNS VERSOS DO CORO ANUNCIANDO O APARECIMENTO DE DIONÍSIO, E O COMEÇO DA FALA DO DEUS).

DIONÍSIO: ...Serás mudado e tornar-te-ás uma serpente; e tua esposa Harmonia, filha de Ares, com quem te casaste, embora fosses mortal, assumirá uma forma de bruto e se mudará em uma cabra. Um carro puxado por bois, diz o oráculo de Zeus, dirigirás, com tua esposa a teu lado, à frente de bárbaros. Saquearás muitas cidades com uma hoste numerosíssima. Mas quando pilhares o oráculo de Lóxias, receberão uma triste acolhida. Ares, porém, salvar-te-á, assim como Harmonia, e vos fará viver na terra dos bem-aventurados.

Estas coisas digo eu, Dionísio, nascido não de pai mortal, mas de Zeus. Se tivesses aprendido a sabedoria então, quando não aprendeste, serias feliz agora, com o filho de Zeus por aliado.

CADMO: Dionísio, nós te suplicamos, nós pecamos.

DIONÍSIO: Tarde demais aprendestes a conhecer-me. Quando o conhecimento era necessário, não o fizestes.

CADMO: Compreendemos isso. Mas foste longe demais contra nós.

DIONÍSIO: Porque ultrajastes a minha divindade.

CADMO: Não fica bem aos deuses imitar as paixões dos mortais.

DIONÍSIO: Meu pai, Zeus, ordenou essas coisas de há muito.

AGAVE: Ah! Está decretada, velho, a desgraça do exílio.

DIONÍSIO: Por que atrasas, então, quando a necessidade impõe?

(Dionísio desaparece).

CADMO: Ah, minha filha, a que horrível situação nós todos chegamos, tu e tuas desventuradas irmãs, e eu, o sofredor. Na velhice vou para uma terra estrangeira, viver entre bárbaros. E há também a profecia que devo comandar uma hoste de bárbaros contra a Hélade. Eu próprio uma serpente, com minha esposa Harmonia, filha de Ares, uma feroz e selvagem serpente também, comandarei um exército de lanceiros contra os altares e túmulos da Hélade. Cadmo, o Sofredor! Os meus sofrimentos jamais terminarão. Nem mesmo quando descer ao abismo do rio Aqueronte terei sossego.

AGAVE: Ah, meu pai! Vou perder-te, viverei no exílio.

CADMO: Por que apertas em torno de mim os teus braços, pobre filha, um cisne branco abraçando um pai velho, decrépito?

AGAVE: Aonde irei, então, quando for expulsa de minha terra?

CADMO: Não sei, minha filha; teu pai bem pouco vale.

AGAVE: Adeus, meu lar; adeus, minha cidade natal. Deixo-te, trocando-te pela desgraça, pelo exílio, longe do lar e do amor.

CADMO: Vai, minha filha, a Aristeu (marido de tua irmã); ele...

AGAVE: Lamento-te, meu pai.

CADMO: E eu te lamento, filha; e choro por tuas irmãs.

AGAVE: Com horrível saber, o rei Dionísio lançou a confusão em tua casa.

CADMO: Terrível foi o seu tratamento em vossas mãos. O seu nome não era honrado em Tebas.

AGAVE: Adeus, meu pai.

CADMO: Adeus, minha pobre filha. Não será fácil... se jamais encontrares o bem-estar.

AGAVE: Conduzi-me, minhas guias, para onde encontrarei as minhas desventuradas irmãs, minhas companheiras de exílio. Que eu vá para onde o sórdido Citéron jamais me veja, nem vejam os meus olhos o Citéron, a algum lugar onde não haja lembrança dos meus tirsos! Que outras sejam bacantes e cuidem de tais coisas.

CORO: Há muitas formas de intervenção divina; muitas coisas além da expectativa fazem os deuses. O que era esperado não foi cumprido; eis que o deus achou o caminho para o inesperado. Tal foi o fim deste episódio.

(Saem).

AS TROIANAS

PERSONAGENS

Poseidon

Ateneia

Hécuba

Taltíbio
Arauto dos gregos

Cassandra
Filha de Hécuba e Sacerdotisa de Apolo

Andrômaca
Viúva de Heitor

Menelau
Marido de Helena

Helena

O cenário é o acampamento dos gregos diante de Troia, tendo ao fundo as ruínas fumegantes da cidade. Junto à entrada de uma das tendas, encontra-se Hécuba estendida no chão.

A peça foi apresentada em 415 A.C.

(Entra Poseidon, sem ser visto por Hécuba).

POSEIDON: Sou Poseidon, vindo das salinas profundezas do Mar Egeu, onde os bandos de Nereidas movem seus pezinhos delicados nas variações da dança. Desde que eu e Febo erguemos o pétreo círculo de torres em torno desta Troia, não esmoreceu a minha boa vontade para com a cidade dos meus frígios. Agora, a cidade se transformou em uma ruína fumegante, acossada pelas lanças argivas. O homem de Parnaso, Epéio, o fócio, ajudado pelos ardis de Palas, construiu um cavalo apinhado de homens armados e enviou o monstro fatal para o interior das muralhas. E, assim, os homens do futuro irão chamá-lo de Cavalo das Lanças.

Os bosques sagrados foram abandonados. Os santuários dos deuses estão cobertos de sangue humano. Na escada do altar de Zeus, o Protetor, jaz morto Príamo. Todo o ouro, todos os despojos da Frígia estão sendo transportados para os navios aqueus. Eles aguardam agora um vento favorável; depois de dez invernos e verões, anseiam por ver suas esposas e seus filhos aqueles gregos que vieram trazer a guerra a esta cidade. Também eu, vencido por Hera, deusa dos argivos, e por Ateneia, que se uniram para destruírem os frígios, deixo agora a famosa Ílion e os meus altares. Quando a devastação envolve uma cidade, também o culto dos deuses é ferido; já não comprazem em adorá-los. O Escamandro ecoa os lamentos de multidões de mulheres aprisionadas que são entregues aos seus senhores. Algumas couberam aos árcades, outras aos tessálios, outras aos dois filhos de Teseu, príncipes de Atenas. Todas as mulheres troianas que não foram sorteadas se encontram dentro das tendas, especialmente escolhidas para os primeiros homens do exército. Com elas se encontra a filha de Tindeu, Helena, a lacônia, acertadamente considerada como cativa.

Se alguém quiser ver uma infortunada, aqui está Hécuba, prostrada diante da entrada, derramando muitas lágrimas por tamanhas desgraças. Sua filha Polixena foi morta no túmulo de Aquiles, tendo morrido bravamente, a desventurada jovem. Príamo pereceu e pereceram seus filhos todos, menos a virgem Cassandra, a quem Apolo concedeu o dom da profecia. E agora Agamenon, esquecendo-se da religião e do respeito, a força a ser sua concubina.

Ó cidade outrora afortunada, ó ameias reluzentes, adeus! Se Palas, filha de Zeus, não tivesse desejado a tua ruína, ainda estarias erguida em teus firmes alicerces.

(Entra ATENEIA)

ATENEIA: Tu, o mais próximo em parentesco a meu pai, deus poderoso e respeitado no céu, poderei por de lado a nossa velha divergência e a ti dirigir-me?

POSEIDON: Podes, rainha Ateneia. A companhia dos afins me deleita o coração.

ATENEIA: Agradeço-te a cortesia. Meu senhor, tenho um plano para nós dois discutirmos.

POSEIDON: Trazes alguma notícia do céu? É da parte de Zeus ou de algum outro deus?

ATENEIA: Não, é para o bem de Troia, cujo solo pisamos. Vim para buscar o teu poder em prol de uma causa comum.

POSEIDON: Deixaste de lado o teu velho ódio e te compadeceste da cidade, agora reduzida a chamas e cinzas?

ATENEIA: Primeiro, voltemos para onde estávamos. Participarás do meu plano e ajudar-me-ás a satisfazer a minha vontade?

POSEIDON: Sim. Desejo, porém, saber o teu propósito vindo até aqui. Diz respeito aos aqueus ou aos frígios?

ATENEIA: Pretendo trazer a alegria aos meus ex-inimigos, os troianos, e infligir à hoste dos aqueus um lamentável regresso.

POSEIDON: Por que mudas tão bruscamente assim de atitude e te lanças aos excessos de amor e de ódio?

ATENEIA: Não soubeste dos ultrajes a mim e aos meus templos?

POSEIDON: Soube: Ajax arrastou Cassandra para fora violentamente.

ATENEIA: Sim, e nada lhe fizeram os aqueus, nada lhe disseram sequer.

POSEIDON: No entanto, foi graças a ti que conquistaram Ílion.

ATENEIA: É por isso que, com a tua ajuda, hei de afligi-los.

POSEIDON: Estou à tua disposição, para qualquer coisa que quiseres de mim. Que pretendes fazer?

ATENEIA: Pretendo oferecer-lhes uma recepção com que não contam.

POSEIDON: Enquanto estiverem em terra ou quando estejam no salino mar?

ATENEIA: Todas as vezes que eles zarpem de Ílion para regressarem à pátria. Zeus lançará torrentes de chuva e granizo e furacões, que escurecerão o firmamento. Ele disse que me emprestará o fogo de seus raios para perseguir os aqueus e incendiar as suas naves. Por tua vez, deves fazer a tua parte. Torna a travessia do Egeu um turbilhão de vagas monstruosas, um sorvedouro de águas. Enche de corpos afogados os ocultos estreitos de Eubeia. Os aqueus devem aprender no futuro o temor devido aos meus templos e o respeito aos outros deuses.

POSEIDON: Assim se fará. Não precisas dirigir-me longos discursos para que eu te preste esse favor. Agitarei as águas do Mar Egeu. As praias de Micono, os rochedos de Delos, Ciros e Lemnos e os promontórios de Cafareium receberão inúmeros corpos de afogados. Vai, porém, ao Olimpo, toma em tuas mãos os raios de teu Pai e fica atenta quando os argivos fizerem zarpar a sua frota.

(Sai Ateneia).

É louco o mortal que saqueia cidades e viola templos e túmulos, os lugares sagrados dos mortos; a sua própria condenação será apenas adiada.

*(Sai Poseidon. Hécuba começa a
levantar-se, devagar).*

HÉCUBA: Vamos, pobre coitada, ergue do chão a tua cabeça, o teu pescoço. Isto já não é mais Troia, nem somos a família real de Troia. A fortuna varia; sê brava. Navega com a corrente, navega com o vento do destino. Não enfrentes com o navio da vida os vagalhões do infortúnio. Ah! Eu choro. E por que não poderei chorar em minha desgraça? Perdi minha pátria, meus filhos, meu marido. Ó nobreza, com o teu orgulho espezinhado, nada queres dizer, afinal de contas.

O que poderei dizer que já não tenha sido dito? Que triste leito em que descanso os membros pesados e doloridos, estirada de costas em uma enxerga tão dura, tão dura! Oh! A minha cabeça, as minhas têmporas, minhas ilhargas! Oh! Que doçura em mudar a posição da espinha dorsal, deixar o corpo descansar de lado, com o ritmo de meus lamentos, de minhas lágrimas incessantes. Esta é a música do sofrimento, o canto fúnebre do sombrio destino.

Ó proas dos navios, à horrenda convocação das trombetas e à alta gritaria dos pífaros, viestes impelidas pelos remos velozes sobre a salina água arroxeada, atravessando os mares calmos da Hélade até a Ílion sagrada, e na baía de Troia (ai de mim!) lançastes os vossos cabos, produto do Egito. Viestes em busca da desprezível esposa de Menelau, aquela afronta a Castor, aquele escândalo de Eurotas. Foi ela que assassinou o pai de cinquenta filhos e me lançou a estes tristes escolhos da desgraça.

Ai de mim! Aqui estou, ao lado das tendas de Agamenon. Levam-me para a escravidão, uma velha igual a mim, com a cabeça dilacerada pela afiada lâmina do sofrimento. É demais! Lastimosas viúvas dos guerreiros de Troia e vós, virgens noivas da violência, Troia está fumegante, choremos por Troia. Como uma galinha que protege os pintinhos, eu dirigirei os vossos cantos, ah! Bem diferentes daqueles cantos que eu costumava dirigir em honra dos deuses, debruçada sobre o cetro de Príamo, enquanto os meus pés marcavam o ritmo, e começava a dança frígia.

(Entra o Coro, dividido em duas partes, uma composta das mulheres mais velhas e a outra das mulheres mais jovens).

CHEFE: Hécuba, qual o motivo dessas lamúrias, desses gritos? Chegou a advertência para alguma de nós? Ouvi os teus tristes lamentos entre as tendas. E o temor encheu o coração das troianas que se encontram lá dentro, deplorando a sua escravidão.

HÉCUBA: Minha filha, as turmas dos remadores estão se dirigindo aos navios argivos.

CHEFE: Ai de mim! O que significa isso? Acho que chegou a ocasião em que os navios me levarão para longe de minha pátria.

HÉCUBA: Não sei, mas desconfio do pior.

CHEFE: Ah! Infelizes mulheres de Troia, vinde cá, para ficardes conhecendo o vosso horrível destino, saí das tendas; os argivos vão zarpar de volta à pátria.

HÉCUBA: Ah! Não deixai vir aqui a tresloucada, a condenada Cassandra, para que os argivos a ultrajem. Poupai-me sofrimento sobre sofrimento. Ó Troia, desventurada Troia, este é o teu fim. Desventurados são os que te perderam, os vivos e os mortos.

CORO: Ai de mim! Aterrorizada e tremendo, deixo estas tendas de Agamenon, para ouvir as tuas palavras, ó rainha. Os argivos tomaram as suas decisões? Será a morte, para mim, desventurada? Ou já estarão os marinheiros se preparando para zarparem e empunharem os remos?

HÉCUBA: Minha filha, estou aqui desde que amanheceu, o meu coração está repleto de horror.

CORO: Já esteve aqui algum arauto dos deuses?

HÉCUBA: Deve estar próxima a hora do sorteio.

CORO: Oh! Oh! Será para Argos ou para Ftia ou para algumas das ilhas que me levarão, desventurada que sou, para muito longe de Troia?

HÉCUBA: Ai de mim! Ai de mim! De quem serei a desgraçada escrava? Onde, em que terra irá trabalhar esta velha, inútil como um zangão, pobre simulacro de um cadáver, débil e lívido ser? Irei ter de tomar conta de uma porta, ou ser a ama-seca de uma criancinha, eu a quem Troia prestava as honras de uma rainha?

CORO (*o sinal no começo indica mudança de locutora*): Ah! Ah! Como são dolorosas as lamentações com que relembras os ultrajes que sofreste!

— Nunca mais moverei a veloz lançadeira nos teares troianos.

— Pela última vez vejo os túmulos de meus pais, pela derradeira vez.

— Terei sofrimentos ainda maiores, obrigada a deitar-me no leito dos gregos...

— Maldita seja a noite em que isso for o meu destino...

— Ou mantida como escrava para ir buscar água em Pirene sagrado.

— Oxalá eu chegue à terra de Teseu, o glorioso, o abençoado.

— Jamais, jamais, imploro, ao sinuoso Eurotas, a maldita morada de Helena, para olhar Menelau como meu senhor, Menelau o saqueador de Troia.

— Ouvi falar em montões de riquezas, em profusão de faustos, na grande terra de Peneu, o belo pedestal do Olimpo. Oxalá eu ali chegue; é a minha preferida, depois da pátria de Teseu, sagrada, augusta.

— Também há a terra do Etna e de Hefaistos, a Sicília, mãe das montanhas, em frente à Fenícia; ouvi falar em sua fama, em seus triunfos. Semelhante é sua vizinha, quando se navega no Mar Jônio, a terra banhada pelo mais belo dos rios, Cratis, cujas águas misteriosas (águas que lançam um fogo amarelo nos cabelos) trazem prosperidade à terra e uma raça de homens valorosos.

— E eis que chega um arauto do exército dos danaos; aproxima-se, apressando os passos no fim da jornada, para revelar a série de notícias. O que traz? O que tem a dizer? Qual o assunto? Já somos escravas da terra dória.

(Entra Taltíbio).

TALTÍBIO: Tu sabes, Hécuba, que fiz muitas viagens a Troia, como mensageiro do exército grego. Isso me torna teu conhecido, de longa data. Sou Taltíbio, que aqui se encontra para anunciar as últimas notícias.

HÉCUBA: Eis que chega, minhas amigas troianas. É o que eu há tanto tempo temia.

TALTÍBIO: As designações já foram feitas, se esse era o teu temor.

HÉCUBA: Ah! Onde vamos? Para alguma cidade da Tessália ou para Ptia, na terra de Cadmo?

TALTÍBIO: Fostes destinadas individualmente a senhores distintos.

HÉCUBA: Então, a quem caberá cada uma? Ainda haverá felicidade para alguma das filhas de Troia?

TALTÍBIO: Eu te digo que deves particularizar as tuas perguntas, uma de cada vez.

HÉCUBA: Dize-me, então, a quem caberá minha filha, a pobre Cassandra.

TALTÍBIO: O Rei Agamenon a tomou, como presa especial.

HÉCUBA: O quê? Tornar-se escrava de sua esposa lacedemônia? Ai de mim!

TALTÍBIO: Não, será sua concubina.

HÉCUBA: Sua concubina? A virgem de Febo, a jovem a quem o deus dos cabelos dourados concedeu a virgindade, como um favor peculiar?

TALTÍBIO: Atravessou-o a seta do amor pela donzela profética.

HÉCUBA: Ó minha filha, atira longe os ramos sagrados, atira longe as grinaldas santificadas que te envolvem.

TALTÍBIO: Por quê? Não é uma grande coisa ter um rei por amante?

HÉCUBA: E o que aconteceu com a filha que me arrebatastes por último? Onde está?

TALTÍBIO: Estás te referindo a Polixena? Ou de quem estás falando?

HÉCUBA: Dela mesma. A quem a destinou a sorte?

TALTÍBIO: Foi destinada a servir no túmulo de Aquiles.

HÉCUBA: Ah! Minha filha? Servir a um túmulo? Mas que uso ou utilidade é esse dos gregos?

TALTÍBIO: Deus abençoe a tua filha. Ela está descansando.

HÉCUBA: Que palavras são essas? Dize-me; ela vê o Sol?

TALTÍBIO: Está em poder do destino; os seus tormentos terminaram.

HÉCUBA: E o que sucedeu com a belicosa esposa de Heitor, a infeliz Andrômaca? Que sorte lhe coube?

TALTÍBIO: O filho de Aquiles a tomou, como presa especial.

HÉCUBA: E de quem sou escrava, eu, velho corpo que precisa ter nas mãos um bordão para que as suas duas pernas possam andar?

TALTÍBIO: O rei de Ítaca, Odisseus, tomou-te como escrava.

HÉCUBA: Ah! Hécuba, esmurra tua cabeça raspada, arranha as tuas faces com as unhas. Ai de mim! Um canalha abominável, traiçoeiro tornou-se meu senhor, um inimigo da justiça, um bruto sem escrúpulos, cuja dupla língua retorce todas as coisas para cima e para baixo, para baixo e para cima, que transforma a amizade em ódio — ó mulheres de Troia, espera por mim. Estou condenada, a ruína e a miséria me esperam. A sorte mais desgraçada me coube.

CHEFE: Senhora, sabes o teu destino, mas qual dos peloponésios, qual dos tessálios é o senhor da minha vida?

TALTÍBIO: Vamos, servos, deveis levar Cassandra para fora daqui imediatamente. Irei pô-la nas mãos do general e depois voltarei para cuidar das outras.

Ah! Que tocha é aquela acesa lá dentro? O que estarão tramando essas troianas? Agora, que se acham na iminência de serem levadas para Argos, estarão ateando fogo dentro das tendas? Estarão se queimando deliberadamente para morrerem? Na verdade, em pessoas como essas, o amor da liberdade não oferece presa fácil à desgraça. Afastai! Afastai! A sua morte seria boa coisa para elas, mas os aqueus não gostariam, e não quero me meter em dificuldade.

HÉCUBA: Não é isso. Não é incêndio. É minha filha, a desvairada Cassandra; ei-la que chega apressada.

(Entra Cassandra, vestida como sacerdotisa de Apolo, e sacudindo uma tacha nupcial. Imagina que vai se casar no templo de Apolo, enquanto o próprio deus dirige o coro).

CASSANDRA: Levantai a tocha, trazei-a para mim. Conduzo a chama, reverencio, e eis que ilumino este templo com o clarão. Ó Rei do Himeneu, bendito seja o noivo, bendita seja eu também; em Argos irei desposar um amante real. Himen, ó rei do Himeneu! Coitada de minha mãe, o teu tempo está todo ocupado em prantear meu falecido pai e a nossa querida pátria, com lágrimas e lamentações. Assim sendo, eu mesma tenho que erguer a tocha inflamada, para o meu próprio casamento. Vede o seu esplendor, vede o seu brilho, iluminando-te Himeneu e tu, Hécate, como prescreve o costume para o matrimônio das donzelas.

Erguei bem alto a luz. Continue a dança. Evan! Evoé! Que seja como nos mais orgulhosos dias da prosperidade de meu pai. O coro é sagrado; dirige-o, Febo, em honra de tua sacerdotisa, em teu templo, entre os lauréis. Himen, ó Himen do himeneu! Canta, minha mãe, canta e dança, rodopiando loucamente em todas as direções, dança comigo, pois me amas. Grita as saudações matrimoniais à noiva, deseja-lhe felicidade com canções e gritos. Vinde, filhas da Frígia, com as vossas mais belas vestes, cantai exaltando o meu casamento, o marido que o Destino traz ao meu leito.

CHEFE: Rainha, não prenderás tua desvairada filha antes que ela parta irrefletidamente para as hostes argivas?

HÉCUBA: Hefastos, conduzes as tochas nupciais dos mortais, mas foi crueldade tua acender esta chama. Quão diferente foram as esperanças que acalentei!

Ah, minha filha! Jamais, jamais pensei que as tuas núpcias fossem no meio das espadas e das lanças dos argivos. Dá-me esta luz. Com tuas mãos agitadas, não podes segurar a tocha firmemente. As nossas desgraças não te tornaram menos agitada; ainda és a mesma.

Mulheres de Troia, tomai as tochas; que as vossas lágrimas acompanhem os seus cânticos nupciais.

CASSANDRA: Minha mãe, coroe a minha cabeça triunfante; regozija-te com o meu casamento real. Acompanha-me; se me achares pouco ansiosa, empurra-me com força. Assim como Loxias existe, Agamenon, o nobre rei dos aqueus, verá que serei uma esposa mais fatal do que mesmo Helena. Pois eu o matarei; arruinarei a sua casa. Vingarei meus irmãos e meu pai...

Essas coisas, porém, podem esperar; não cantarei acerca do machado que cairá sobre o meu pescoço e do outro, ou sobre o desfecho matricida que meu casamento desencadeará, ou da ruína final da casa de Atreu.

Mostrarei, contudo, que a nossa cidade é mais afortunada que os aqueus. Possessa como estou, emergirei uma vez do meu desvario. Por causa de uma mulher e da paixão de uma mulher, os gregos saíram em perseguição de Helena, e pereceram aos milhares. Seu general, seu grande general, para ajudar aqueles que mais deveria odiar, sacrificou o que de mais caro possuía; pelo irmão, sacrificou a filha, a própria filha, a alegria do lar; e isso por causa de uma mulher que não fora levada pela força, mas abandonara o lar de boa vontade. Depois, quando chegaram às margens do Escamandro, encontraram a morte, não resistindo a ataques nas fronteiras de suas terras ou defendendo as suas cidades fortificadas. Aqueles que Ares tomou jamais viram seus filhos; e as mãos das esposas não os envolveram na mortalha; jazem em terra estrangeira. E, em casa, a desolação não era menor: viúvas morrendo solitárias, velhos abandonados sem filhos em suas moradas, os filhos que criaram servindo outros, ninguém para visitar seus túmulos e lhes fazer oferendas cruentas. Foi esse o louvor que a expedição mereceu... De seus crimes é melhor nada dizer; oxalá a minha musa jamais empreste a sua voz para cantar iniquidades.

Quanto aos troianos, em primeiro lugar, que fama poderia ser mais gloriosa do que a sua? Eles morreram por sua pátria. Quando caíam em combate, os seus corpos eram levados para casa pelos companheiros; eram vestidos para o túmulo por mãos amigas e a terra de sua pátria os cobria. Todos que não morreram em combate passavam o dia com as esposas e filhos, no próprio lar. Aos aqueus era negado esse prazer. O destino de Heitor te entristeceu, mas atenta para esta verdade; ele partiu, mas viveu bastante para alcançar a fama de herói. E foi a vinda dos aqueus que ensejou tal coisa. Se eles tivessem ficado em casa, as virtudes de Heitor teriam ficado desconhecidas. Também Paris desposou a filha de Zeus. Se não tivesse feito tal coisa, ninguém jamais ouviria falar a seu respeito.

As coisas são assim: se um homem é sensato, evitará a guerra. Se, porém, ocorrer a guerra, é um ponto de honra para uma cidade perecer em defesa de uma causa justa; em uma causa injusta, será a infâmia. Não deves, portanto, minha mãe, sofrer por causa da nossa pátria ou do meu concubinato. Esse meu matrimônio é o meio pelo qual destruirei os nossos piores inimigos, meus e teus.

CHEFE: Grande coisa é poder rir do próprio infortúnio e entoar cânticos enigmáticos. Talvez algum dia mostrarás o sentido.

TALTÍBIO *(que estava ouvindo, primeiro com espanto, depois com impaciência)*: Foi bom que Apolo tivesse te dado ideias loucas. De outro modo, iria custar-te caro cobrir de maldições os comandantes da terra.

A verdade é que os grandes do mundo, aqueles que todos acham inteligentes, não são melhores do que os pobres coitados. Veja-se o precioso filho de Atreu, o poderoso rei da Grécia unida, arrastado por singular paixão por esta criatura desmiolada. Sou pobre, mas certamente jamais levaria uma mulher como esta para o meu leito.

(A Cassandra): Escuta, já que não és boa da cabeça, deixemos que as tuas palavras sejam levadas pelo vento, esses insultos aos argivos e louvores aos frígios. Vem comigo para os navios, uma bela noiva para o general.

(A Hécuba): E tu, prepara-te para quando o filho de Laerte quiser levar-te. É uma mulher virtuosa aquela de quem serás serva, a se julgar pelos relatos que têm chegado à Ílion.

CASSANDRA: Que servo ignóbil! Por que têm os arautos um nome tão honroso, uma profissão que todo o mundo concorda em detestar, esses intermediários dos reis e dos Estados?

Dizes, então, que minha mãe irá para os paços de Odisseus? Onde estão, pois, as afirmações de Apolo, bem claras para mim, de que ela morrerá aqui? Omito os pormenores ultrajantes. Infortunado Odisseus, não sabe as terríveis provações que lhe estão reservadas. Chegará o dia em que as minhas maldições e as de minha cidade lhe parecerão douradas alegrias. Dez cansativos anos se passarão, além daqueles que passou aqui, antes que ele volte à sua terra natal, solitário, sozinho. Verá a temível Caribdis, cuja morada fica no turbilhão daquele estreito rochoso, e aquele canibal nas montanhas dos Ciclopes e a ligure Circe, que transforma homens em porcos; enfrentará naufrágios no salino mar, assim como as tentações do lótus e as vacas sagradas do Sol, cuja carne terá voz e dirá a Odisseus palavras angustiosas. Para resumir uma longa aventura, ele descerá vivo ao Hades, e, quando afinal escapar das agruras do mar, regressará ao lar, para lá encontrar multidão de percalços.

Para que expor, porém, todos os sofrimentos de Odisseus? *(A Taltíbio)*. Vamos; não quero perder tempo, quero voar para o meu leito nupcial — de morte. Grande general dos gregos, miserável será o teu enterro, de noite, não de dia. Ó tu, cuja fortuna parece tão grande! Também eu, naturalmente, devo morrer; o meu corpo será lançado nu a uma ravina, em uma torrente das inundações do inverno, perto do túmulo de meu noivo; serei destinada a alimento das feras, eu, sacerdotisa de Apolo. Ó grinaldas do deus que amo mais que tudo! Ó vestes de exaltação, adeus! Deixo as festividades em que me glorifiquei. Ide, eu vos arranco de minha pele. Enquanto o meu corpo ainda não está maculado, eu vos atiro aos ventos, para que vos conduzam a ti, ó Deus da Profecia!

Onde está o navio do general? Onde devo embarcar? Não há tempo a perder, ficai atentos esperando a brisa que enfunará as vossas velas, que para longe me levarão, uma das três Fúrias. Adeus, minha mãe, não chores. Ó pátria querida, ó meus irmãos embaixo da terra e meu pai que me gerou, não esperareis muito por mim. Eu, porém, chegarei à morte como vencedora, tendo destruído a casa de Atreu, por quem a nossa casa foi destruída.

(Saem Cassandra e Taltíbio.
Hécuba cai no chão).

CHEFE: Aias da velha Hécuba, não vedes que a vossa senhora caiu, prostrada em sem voz? Socorrei-a. Ireis deixar a velha morrer? Ó cruéis! Levantai-a.

HÉCUBA: Deixai-me, minhas filhas: um serviço não solicitado não é serviço. Deixai-me deitada onde cai. Tenho motivos para ficar prostrada: o que sofri, o que sofro, o que sofrerei. Ó deuses! São fracos, em verdade, os protetores que agora invoco; mas ainda é costume invocar os deuses, quando o infortúnio nos aflige. Este é o meu canto de cisne. Em primeiro lugar, cantarei as minhas bênçãos e acentuarei assim a piedade das minhas lamentações.

Eu era rainha, casei-me em uma casa real, e tive filhos excelentes, não meras figuras, mas os melhores dos frígios (semelhantes aos quais mãe alguma pode se vangloriar, troiana, grega ou bárbara). Vi aqueles filhos morrerem em combate com os gregos e cortei meus cabelos sobre os seus túmulos. E a morte de Príamo, o pai deles, não me foi anunciada por outros; com os meus próprios olhos eu o vi ser assassinado, em seu lar, junto ao altar de Zeus, o Protetor. Vi a minha cidade conquistada. Minhas filhas virgens, que criei para desposarem homens da mais alta linhagem, foram arrebatadas de meus braços; outro tipo de noivado foi o fruto de meus cuidados. Nenhuma esperança acalento que elas me voltem a ver. E, finalmente, como coroamento de minha terrível desventura, vou para a Grécia, na velhice, para ser escrava. Encarregar-me-ão das tarefas mais impróprias para os idosos. Serei uma porteira, cuidando das chaves, eu, a mãe de Heitor! Ou terei de assar o pão, ou repousar no chão duro o cansado dorso que dormiu em leitos palacianos. Este meu pobre corpo castigado se cobrirá de farrapos e andrajos, um insulto à minha antiga prosperidade. Desgraçada que sou, o que sou no presente, o que serei no futuro, e tudo por causa do casamento de uma mulher.

Ó minha filha, ó Cassandra e teus divinos êxtases, que horríveis circunstâncias destruíram a tua pureza sagrada! E ó Polixena, pobre jovem, onde estás? De todos os meus muitos filhos, nenhum filho e nenhuma filha aqui está para ajudar sua pobre mãe. Por que, então, me levantardes? Que esperança ainda me resta? Levai-me, eu que outrora caminhava majestosamente em Troia e que sou agora uma escrava, levai-me para algum covil tenebroso, onde as pedras sejam o meu travesseiro. Deixai estender-me no chão e passar chorando a minha vida amaldiçoada. Jamais aceita qualquer homem feliz, mesmo os favoritos da fortuna, esse tipo de morte.

CORO: Canta, ó Musa, Ílion. Entoa um cântico novo, cântico de pranto, um hino fúnebre. O canto que entoarei agora é dedicado a Troia. Foi aquele carro de quatro pés dos gregos que acarretou o nosso doloroso malogro, que nos tornou prisioneiras de guerra, a partir do momento em que os aqueus deixaram em nossas portas aquele cavalo, enfeitado de ouro e erguendo ao céu o retinir das armaduras em seu interior. A população de Troia, de pé nos rochedos em torno, gritou: "Vamos, homens, os vossos percalços terminaram, levemos para dentro este ídolo, consagremo-lo à Donzela de Ílion, filha de Zeus". Todas as jovens mulheres deixaram os seus lares, e todos os homens velhos. Cantando e se regozijando, tomaram posse do estratagema mortal.

Todos os filhos e todas as filhas da Frígia correram às portas da cidade para homenagearem a Virgem Imortal, para ofertarem à deusa a ardilosa obra de pinho da montanha, que encerrava a emboscada dos argivos e a destruição de Troia. Lançaram em torno dela cordas com ganchos nas pontas, como se fosse algum negro navio que estivessem lançando ao mar, trouxeram-na para a morada de pedra da deusa Palas, e puseram-na no chão, o chão que iria custar à pátria a sua vida. Então se fez ouvir a flauta líbia e se fizeram ouvir os cânticos da Frígia. O ar se encheu com o ruído dos passos dos dançarinos, com os alegres coros das donzelas. Por toda a parte, via-se o clarão das tochas; até mesmo dentro das casas os quartos dos que dormiam ficavam mais claros.

Eu mesma, naquela noite estava cantando em coro diante do templo da Virgem das Montanhas, a filha de Zeus, quando de súbito a fortaleza e toda a cidade se encheram com os gritos de terror. Inocentes criancinhas se agarravam apavoradas às saias das mães. Ares saiu de sua emboscada; a vontade de Palas se satisfez. O sangue frígio corria em todos os altares. Em seus leitos solitários, as jovens mulheres cortavam as suas tranças, coroas de triunfo para a raça dos gregos, oferendas de dor para a terra dos frígios.

(Entra uma carroça. Nela se encontram Andrômaca e seu jovem filho Astianax, assim como despojos troianos, entre os quais a armadura de Heitor).

Olha, Hécuba. Eis que chega Andrômaca, em uma carroça inimiga, destinada a uma terra estrangeira. Agarrado aos seus pesados seios, está seu querido Astianax, filho de Heitor. Desventurada mulher, para onde estão te levando nesta carroça, sentada no meio da armadura de bronze de Heitor e dos despojos de Ílion saqueada, com os quais o filho de Aquiles adornará os templos de Ptia, longe, muito longe de Troia?

ANDRÔMACA: Os nossos senhores, os gregos, estão me levando.

HÉCUBA: Ai de mim!

ANDRÔMACA: Por que lamentas? É a mim que cumpre lamentar...

HÉCUBA: Ai! Ai!

ANDRÔMACA: ... pois o sofrimento é meu...

HÉCUBA: Ó Zeus!

ANDRÔMACA: ... e a desgraça é minha.

HÉCUBA: Meus filhos...

ANDRÔMACA: ... agora não mais.

HÉCUBA: Foi-se a glória, foi-se Troia...

ANDRÔMACA: Ó desgraça!

HÉCUBA: ... e foram-se meus filhos, meus nobres filhos.

ANDRÔMACA: Ai de mim! Ai de mim!

HÉCUBA: Ai de mim em verdade, e ai outra vez pelo que era meu...

ANDRÔMACA: Pobre de mim!

HÉCUBA: O esplendor, a fortuna...

ANDRÔMACA: ... da cidade...

HÉCUBA: ... cobertos de fumaça.

ANDRÔMACA: Vem, meu esposo, preciso de ti...

HÉCUBA: Chamas alguém que está no Hades, meu filho, desventurado!

ANDRÔMACA: ...vem salvar tua esposa.

HÉCUBA: E tu, ó tu cujo torpe assassinato desonrou a Grécia...

ANDRÔMACA: ... pai de meu Heitor, velho e venerável Ptiamo...

HÉCUBA: ... faze-me dormir, o sono da morte.

ANDRÔMACA: Profundos são os nossos anseios...

HÉCUBA: Profundas também (ó cruel) são as dores que suportamos...

ANDRÔMACA: ... pela cidade que se foi...

HÉCUBA: Acumulam-se pesares sobre pesares.

ANDRÔMACA: ... destruída pela má vontade dos deuses, desde aquela hora em que teu filho infante escapou da morte, o filho que, por causa de uma mulher despudorada, destruiu as torres de Troia. Diante do templo de Palas estão expostos os corpos sangrentos de nossos mortos, para que os abutres os devorem. Chegou o fim e o jugo da escravidão para Troia.

HÉCUBA: Ó minha pátria, minha pobre pátria...

ANDRÔMACA: Choro ao deixar-te...

HÉCUBA: Agora vemos o amargo fim.

ANDRÔMACA: ... e meu próprio lar, onde nasceu meu filho.

HÉCUBA: Ó meus filhos, partistes e deixastes vossa mãe em uma cidade deserta, com a amargura das elegias e lamentações e lágrimas, fontes de lágrimas, em nosso lar. Os mortos não derramam lágrimas; esqueceram-se dos sofrimentos.

CHEFE: Que doçura são as lágrimas para os sofredores, elegias, lamentações e cânticos carregados de dor.

ANDRÔMACA: Ó mãe de Heitor, do herói cuja lança destruiu tantos arquivos, vês esta visão?

HÉCUBA: Vejo a mão dos deuses; eles elevam alguns homens do nada até alturas imensas, e humilham e destroem outros.

ANDRÔMACA: Somos levados como gado roubado, eu e meu filho. A nobreza escravizada! Que tremenda mudança!

HÉCUBA: Estranhos são os caminhos da necessidade. Acabaram de arrancar-me Cassandra, com violência.

ANDRÔMACA: Ah! Um segundo Ajax, suponho, outro estuprador, espera tua filha. E tens outros pesares.

HÉCUBA: Se os tenho! Não podem ser medidos, não podem ser contados. E cada um dos pesares supera os outros.

ANDRÔMACA: Tua filha Polixena está morta, sacrificada no túmulo de Aquiles, como oferenda ao inerme morto.

HÉCUBA: Desgraçada que sou! Torna-se claro agora o que Talíbio quis dizer com aquele negro enigma.

ANDRÔMACA: Eu mesma a vi. Desci deste carro e a cobri com as suas vestes e esmurrei o peito pela morta.

HÉCUBA: Ah minha filha! Brutalmente assassinada! E de novo, ah! Que morte ultrajante!

ANDRÔMACA: Ela morreu como morreu. E, no entanto, na morte é mais feliz do que eu, que vivo.

HÉCUBA: A morte e a vida não são a mesma coisa, minha filha. A morte é o nada; na vida há esperança.

ANDRÔMACA: (Senhora, mãe de Polixena, ouve as minhas palavras de consolo; deixa-me insultar alegria em teu coração). Os mortos, eu digo, são como se não tivessem nascido. É melhor morrer do que viver sofrendo; os mortos não têm pesares para atormentá-los, mas, quando um homem passa da felicidade para o infortúnio, o seu coração anseia ardentemente pelas alegrias que antes conheceu. Polixena está morta, como se jamais tivesse visto esta vida; nada sabe a respeito de seus sofrimentos. Eu almejava a fama, e quanto mais conquistei mais tenho que perder. Na casa de Heitor, eu tratava de cumprir todos os deveres de uma esposa virtuosa. Em primeiro lugar, ficava em casa e não sentia vontade de frequentar aqueles lugares onde a simples presença de uma mulher que não gosta de ficar em casa é suficiente para denegrir o seu nome, seja ela ou não tal espécie de mulher. Eu não admitia dentro de minha casa os mexericos de mulheres. Tinha uma natural intuição para me ensinar a virtude; não precisava de mais. A minha língua ficava imóvel e a minha fisionomia serena em presença de meu marido. Eu sabia quando insistir com meu esposo e quando deixar que ele me dirigisse.

Foi essa reputação que chegou às hostes dos aqueus e me arruinou, pois, quando fui capturada, o filho de Aquiles quis me tornar sua esposa. Terei de viver na casa dos assassinos de meu marido. E, se eu me esquecer de meu querido Heitor e abrir o coração ao meu senhor atual, parecerei trair os mortos. Por outro lado, se me apegar ao amor de Heitor, serei odiada pelo meu amo e senhor. No entanto, dizem que uma simples noite anula a aversão de uma mulher pelo leito de um homem. Eu, porém, abomino a mulher que se casa de novo e se esquece de seu primeiro marido nos braços do segundo. Com efeito, até mesmo o cavalo de tiro, separado de um velho companheiro de jugo, marchará com relutância. E, contudo, os brutos não falam nem se utilizam da razão e são inferiores ao homem.

Em ti, querido Heitor, tive o marido perfeito que queria: sábio, nobre, rico, um grande homem. Recebeste-me virgem, vinda da casa de meu pai; foste o primeiro a entrar em meu leito de inocência. E agora estás morto, e eu estou sendo levada cativa para a escravidão na Grécia. *(A Hécuba).* Não achas que a morte de Polixena, por quem choras, é para ela um mal menor do que os meus males? Até mesmo a esperança, que permanece em todos os viventes, comigo não se encontra; não acalento ilusão alguma de que as coisas jamais serão melhores para mim.

CHEFE: O teu infortúnio é o meu. Lamentando a tua sorte, tu me ensinas a profundidade da minha própria dor.

HÉCUBA: Jamais em minha vida pus os pés em um navio, mas as pinturas que vi e as histórias que ouvi me ensinaram. Se os marinheiros enfrentam uma tempestade que não seja muito forte, entregam-se prontamente à tarefa de se livrarem do perigo; um dos homens toma o leme, outro se encarrega das velas, outro cuida de tirar a água do mar que entra no navio. Se, porém, as ondas forem muito altas, a tempestade muito séria, entregam-se ao destino e se submetem à mercê do mar furioso. Assim também fico muda, eu cujos sofrimentos são demais; eu me submeto, não adiantam as palavras. As ondas da desgraça, mandadas pelo céu, me dominaram.

Minha querida filha, não penses mais no destino de Heitor. As tuas lágrimas não o salvarão. Respeita o teu senhor atual; influencia teu marido com os recursos de que és capaz. Se assim fizeres, terás uma felicidade que todos os teus amigos compartilharão, e farás com que este meu neto seja uma poderosa ajuda a Troia; algum dia, os seus descendentes poderão voltar e aqui se estabelecerem, e Troia será outra vez uma cidade.

Mas o que é isso? Uma coisa após outra. Eis que chega o serviçal dos aqueus, com o anúncio de novas decisões. O que o terá feito voltar?

*(Entra Taltíbio com uma
escolta armada).*

TALTÍBIO : Esposa de Heitor, que foi o mais valente dos frígios nos velhos dias, não me odeies. Não é por minha vontade que venho te dar notícia da resolução comum dos danaos e dos filhos de Pelops...

ANDRÔMACA: O que é? Vejo que inicias um cântico de lamúrias.

TALTÍBIO: Eles decidiram que este menino... Como encontrarei palavras para dizer?

ANDRÔMACA: Como? Ele não terá o mesmo senhor que terei?

TALTÍBIO: Nenhum dos aqueus será senhor deste menino.

ANDRÔMACO: Vão deixá-lo aqui, único sobrevivente dos frígios?

TALTÍBIO: Não sei como transmitir delicadamente a dolorosa notícia.

ANDRÔMACA: Agradeço-te a consideração. Não te agradeço, porém, as lamentações.

TALTÍBIO: Vão matar teu filho. Agora compreendes a extensão da tua dor.

ANDRÔMACA: Ai de mim! O que me dizes é mais doloroso do que o meu novo casamento.

TALTÍBIO: Odisseus fez prevalecer no conselho geral essa ideia...

ANDRÔMACA: Ai de mim! Ai de mim! A minha dor é demais.

TALTÍBIO: Ele os aconselhou a não permitirem que vivesse o filho de tão heróico pai...

ANDRÔMACA: Oxalá seja esse conselho aplicado a seus próprios filhos.

TALTÍBIO: Mas atirá-lo das muralhas de Troia.

Vamos, deixa que as coisas sigam o seu curso, e mostrarás sabedoria. Não agarres o menino. Enfrenta com coragem o sofrimento. És impotente; não penses que és forte. Não terás ajuda em parte alguma. Basta olhar em torno. Tua cidade está destruída, teu marido morto, tu mesma isolada. Somos muito capazes de enfrentar uma mulher solitária. Não provoques uma luta, portanto; nada faças que possa humilhar-te e apenas tornar a situação mais difícil. E outra coisa: não quero que lances imprecações contra os aqueus. Se disseres qualquer coisa que provoque o exército, este menino não terá um funeral, não será chorado. Nada digas; tira o melhor partido da situação, e não deixarás o corpo deste menino insepulto, e tu mesma serás mais bem tratada pelos aqueus.

ANDRÔMACA: Meu querido filho, minha preocupação especial, deixarás tua desgraçada mãe, serás morto por nossos inimigos. A valentia de teu pai, que trouxe a salvação outros, te trouxe a morte. As virtudes de teu pai te foram fatais.

Ah! as minhas desventuradas núpcias, matrimônio infeliz que me trouxe, há muito tempo, ao paço de Heitor (não para ter um filho trucidado pelos gregos, mas para reinar em amplas terras da Ásia). Meu filho, estás chorando? Compreendes o teu cruel destino? Por que as tuas mãos se prendem em mim, por que te agarras à minha veste, como uma avezinha se escondendo sob as minhas asas? Heitor não pode vir ao teu encontro, empunhando a sua lança famosa; não pode deixar seu túmulo para socorrer-te. Os parentes de teu pai não podem ajudar-te, nem o poderio da Frígia. Terás de dar um salto doloroso; impiedosamente atirado das alturas, de cabeça para baixo o corpo despedaçado libertará o fantasma. Ó queridinho, amparado pelos braços de tua mãe! Como é doce a fragrância do teu corpo! Foi em vão que este peito te amamentou. Em vão sofri as dores do parto, em vão cuidei de ti. Despede agora de tua mãe, é a tua última oportunidade. Beija aquela que te pôs no mundo. Aperta os teus bracinhos em mim, aperta-os bem. Aperta os teus lábios contra os meus.

Ó vós, gregos, anti-helênicas são as torturas que criais. Por que estão matando esta inocente criança? Ó rebento de Tindareu, Zeus jamais foi teu pai. Eu afirmo que és filha de muitos pais, primeiro o Espírito do Mal, depois o Ódio, o Homicídio e a Morte, e todos os monstros que a terra sustenta. Jamais afirmarei que Zeus te gerou para seres a morte dos gregos e dos bárbaros inumeráveis. Sê maldita! A doçura dos teus olhos trouxe pavorosa ruína aos famosos campos da Frígia.

(Entrega Astianax a Taltíbio).

Pronto! Toma-o, leve-o, atira-o para a morte, se é esse o teu desejo. Banqueteia com a sua carne. São os deuses que estão nos destruindo e jamais poderei livrar meu filho da morte. Cobre meu pobre corpo, leva-me depressa para os navios. Terei um belo casamento, tendo perdido meu filho.
CHEFE: Desventurada Troia, perdeste milhares de teus filhos, graças a uma mulher e seu leito odioso.
TALTÍBIO: Vem, criança. Deixa os braços carinhosos de tua mãe. Vai ao mais alto parapeito das tuas torres ancestrais. Ali deixarás a vida, como exige o decreto. Tomai-o. Precisais de outra espécie de arauto para tarefas semelhantes, um que seja desumano, um cujo coração tenha mais gosto pela ferocidade do que o meu.

(Sai Taltíbio com o grupo).

HÉCUBA: Ó meu filho, filho de meu pobre filho, fomos privadas de ti, injustamente privadas, eu e tua mãe. O que me aconteceu? O que posso fazer por ti, desventurado? Eis o que te oferto; esmurro a cabeça, dilacero o peito. É tudo o que me resta. Choro por minha cidade, choro por ti. Que sofrimento não é nosso? O quê ainda falta para completar a nossa ruína?

(Cai no chão).

CORO: Ó Telamon, rei de Salamis, refúgio das abelhas, fizeste a tua morada na ilha rodeada pelo mar que se aninha sob os montes sagrados onde Ateneia revelou os primeiros e verdes rebento de oliveira, a brilhante coroa celestial de glória de Atenas. Depois partiste para o campo de luta com o arqueiro filho de Alcmena, para saqueares Ílion, a nossa cidade de Ílion (sim, nossa, mesmo naquele tempo longínquo quando vieste da Grécia).

Em sua fúria pela perda das éguas, ele trouxe consigo a flor da cavalaria grega. Seus navios navegaram pelo mar e ele ancorou no belo estuário do Simoente e logo prendeu as amarras nas popas. As muralhas que o escopro de Febo fizera quadradas e a prumo, ele destruiu com o rubro fogo e pilhou a terra de Troia. Assim, duas vezes soprou a tormenta, por duas vezes a lança sanguinolenta demoliu as defesas em torno de Dardânia.

Foi em vão, pois, segundo parece, ó filho de Laomedonte, que caminhaste delicadamente com os copos de ouro e encheste as taças de Zeus, serviço muito honroso. E a terra que te viu nascer foi devastada pelo fogo. Na praia do mar houve lamentos, como os gritos de uma ave defendendo os filhotes; lamentos por maridos, por filhos, por matronas idosas. Foram-se os banhos que te reanimavam, foram-se os ginásios e as pistas de corrida. No entanto, tu, junto ao trono de Zeus, mostras em teu belo rosto uma imperturbável serenidade, enquanto a lança grega destrói a terra de Príamo.

Amor, Amor, vieste dos antigos e dos novos paços de Dardano, perturbando o coração dos Celestes. Quanto exaltaste Troia naqueles dias em que ela fez seus relacionamentos com o céu. De Zeus e sua vergonha nada mais direi. Mas naquele mesmo dia, Aurora, com as suas brancas asas, a luz que os mortais amam, viu a devastação de nossa terra, viu a destruição das nossas torres. No entanto, nesta terra ela conheceu o arqueiro seu marido, o pai de seus filhos (Titono) levado para o céu em um carro de ouro puxado por quatro estrelas. Bem alto se ergueram as esperanças em sua terra natal. Troia, porém, perdeu o encanto que prendia os deuses.

(Entra Menelau com soldados).

MENELAU: Como está belo o brilho do Sol hoje, este dia no qual tomarei posse de minha esposa (Helena. Sou Menelau e muito lutei por ela, eu e o exército aqueu). Vim à Troia, não tanto para recuperar minha esposa (isso é o que os homens pensam) porém mais para encontrar-me com o homem que ludibriou seu hospedeiro e levou minha esposa de minha casa. Esse homem, graças ao céu, recebeu o castigo merecido; as lanças dos gregos destruíram-no e destruíram a sua pátria. Agora, aqui estou para levar a Mulher de Esparta... detesto dizer o nome de minha esposa, a que foi minha esposa. Ela se encontra dentro destas tendas de prisioneiras, misturada com as outras troianas. Aqueles que travaram esta exaustiva guerra para tomá-la, entregaram-na a mim, para que eu a matasse... ou, se preferisse não matá-la, devolvê-la à terra de Argos. De minha parte, resolvi adiar o seu destino enquanto estiver em Troia e levá-la no meu navio para a Grécia, depois entregá-la à vingança daqueles cujos amigos pereceram em Ílion; eles a matarão.

Muito bem, pois, meus homens, entrai nas tendas e a procurai. Arrastai-a por seus malditos cabelos. Logo que sopre uma brisa propícia, nós a levaremos à Grécia.

HÉCUBA *(levantando-se)*: Ó tu que és suporte da terra e pela terra és suportado, seja o que fores, tu que desafias o nosso entendimento, ó Zeus, quer sejas a Lei da Necessidade na natureza, ou a Lei da Razão no homem, ouve as minhas preces. Está em toda a parte, seguindo o teu caminho silencioso, ordenando os negócios dos mortais segundo a justiça.

MENELAU: O que é isso? Estás iniciando uma nova maneira de rezar.

HÉCUBA: Confio em ti, Menelau, pela tua intenção de matar tua esposa. Foge, porém, de sua vista, pois, de outro modo, ela te cativará com o desejo. Ela cativa os olhos dos homens, destrói cidades, incendeia os lares. Tais são as suas feitiçarias. Eu a conheço; e tu também, e todas as suas vítimas.

(Entra Helena, ricamente vestida, e seus guardas).

HELENA: Menelau, este é um prelúdio bem calculado para aterrorizar-me; os teus servos levantaram contra mim suas mãos grosseiras e me arrastaram para fora das tendas. Naturalmente, posso imaginar que me odeies, porém mesmo assim quero perguntar-te: o que se passa na tua mente e na dos gregos concernente à minha vida?

MENELAU: O teu caso não foi especificamente discutido, mas toda a hoste te entregou a mim, que traíste, para que te faça morrer.

HELENA: Terei permissão de replicar, para provar que a minha morte, se eu for morta, será injusta?

MENELAU: Não vim aqui para argumentar; vim para matar-te.

HÉCUBA: Deixa-a falar, Menelau; não queiras matá-la antes de ouvir o que ela tem a dizer. Mas permite que eu me encarregue de acusá-la. Não sabes os males que ela fez a Troia; a denúncia, firme e clara, justificará a sua morte e não lhe dará oportunidade de escapar.

MENELAU: Não tenho muitos motivos de conceder esse favor. Mas, se ela quer falar, que fale. Espero, porém, que ela compreenda que estou fazendo uma concessão ao teu apelo, e não um favor a ela própria.

HELENA *(a Menelau)*: Já que me consideras tua inimiga, não creio que levarás em consideração os meus pontos de vista, quer te pareçam eles sólidos ou débeis. Creio, todavia, conhecer as acusações que me farias se houver o debate, e darei as minhas respostas convenientemente (tuas acusações contra as minhas, as minhas contra as tuas).

Em primeiro lugar, foi esta mulher que originou todo o mal, quando deu à luz Páris. Em segundo lugar, foi Príamo que arruinou Troia e me arruinou, quando não quis matar a criança, deixando que o sonho da tocha acesa se tornasse realidade, o futuro Alexandre. Isso foi o começo de tudo; ouve, agora, a continuação.

Aquele Alexandre tornou-se o juiz das três deusas. A oferta de Palas foi o comando de um exército frígio que derrotaria a Grécia. Hera prometeu-lhe o império da Ásia e dos confins da Europa, se ele decidisse em seu favor. Cípris falou a respeito de minha beleza maravilhosa e prometeu-lhe ter-me, se ultrapassasse as outras deusas em beleza. Considera o que logicamente disso se seguiu. Cípris prevalece, e vê que dádiva as minhas núpcias ofereciam à Grécia: não foi conquistada pelos bárbaros, não tivestes de enfrentá-los em combate nem de vos submeter ao seu império. A boa sorte da Grécia foi a minha desgraça. Fui vendida e comprada por causa de minha beleza. E agora sou censurada pelo que eu deveria ter merecido uma coroa de honra para a minha cabeça. Dirás que ainda não cheguei à questão em jogo, a explicação de minha fuga secreta de tua casa. O gênio mau foi o filho desta mulher, prefiras chamá-lo de Alexandre ou de Páris, que tinha como aliada uma deusa poderosa. No entanto, tu, meu indigno esposo, deixaste-o em teus paços e navegaste para Creta em um navio espartano. Assim foi. A pergunta seguinte eu farei a mim mesma, não a ti. Estaria eu em meu juízo perfeito quando fugi de casa com um estrangeiro e abandonei a minha pátria e a minha casa? Castiga a deusa, sê mais forte do que Zeus, que governa outras divindades, mas é escravo do amor. Eu não tenho culpa.

Há um outro ponto que poderia oferecer-te um argumento especioso contra mim. Quando Alexandre morreu e foi para debaixo da terra, terminou a interferência divina em minha vida amorosa; eu deveria, então, ter abandonado o meu lar e voltado aos navios dos argivos. Isso foi realmente o que eu queria fazer. As minhas testemunhas são os guardas das torres, as sentinelas das muralhas, que por muitas vezes me descobriram descendo sub-repticiamente, em cordas, das fortificações. (Além do mais, foi pela força que meu novo marido, Deífobo, me tomou e me tornou sua esposa, desafiando os troianos). Que justificação terias então, meu marido, se me fizeres sofrer uma morte imerecida? Por um lado, eu me casei contra a vontade. Por outro lado, os serviços que prestei ao meu próprio povo só mereceram amarga servidão, em vez do prêmio da vitória. Assim, sê mais forte do que os deuses, se queres, mas não é lícito querer tal coisa.

CHEFE: Ó rainha, defende teus filhos e tua pátria. Destrói os argumentos de suas alegações. A eloquência aliada à má fé constitui uma terrível combinação.

HÉCUBA: Em primeiro lugar, defenderei as deusas e mostrarei que são injustificadas as suas queixas contra elas. De minha parte, não acredito que Hera e a virgem Palas fossem bastante más até o ponto de que uma quisesse entregar Argos aos bárbaros, e a outra tornar Atenas escrava da Frígia, e nem creio em toda aquela fantasia pueril que as levou ao Ida para discutirem a respeito de sua beleza. Por que, realmente, a deusa Hera teria concebido tal paixão pela beleza? Iria ter esperança de arranjar um marido melhor do que Zeus? Por que iria Ateneia se preparando para uma relação com algum dos deuses, Ateneia, que repele o matrimônio e implorou ao pai que a deixasse permanecer virgem? As pessoas sensatas não podem acreditar em tal coisa. E dizes que Cípris — isso é muito engraçado — foi com meu filho à casa de Menelau. Não poderia ele ter ficado tranquilamente no céu e te trazido, Amicleia, e todos mais a Ílion?

Meu filho era dotado de uma beleza incomparável; e, ao vê-lo, o teu coração se transformou em Cípris. Todos os impulsos libidinosos do homem são atribuídos a Afrodite. Com razão o seu nome começa como a palavra *Afrosigne* — lascívia. Assim, quando viste meu filho no esplendor dos trajes dourados e bárbaros, um louco desejo se apossou do teu coração. Em Argos, estavas acostumada com um séquito reduzido; tendo te livrado da cidade espartana, procuraste um dilúvio de extravagâncias na Frígia, com os seus rios de ouro. Os paços de Menelau não era suficientemente grandes para neles ostentares a tua sede de luxo.

E passemos ao seu outro argumento. Disseste que foste forçada a partir com meu filho. Alguém em Esparta ouviu algo a respeito? Que espécie de socorro pediste? No entanto, lá estava Castor, jovem robusto, e seu irmão, ainda não levado para as estrelas. Depois, quando vieste para Troia com os argivos no teu encalço e se ouviu o pavoroso retinir de lanças que se seguiu, sempre que te era anunciado um sucesso de Menelau, tu o exaltavas, só para atormentares meu filho com a lembrança de que tinha um formidável rival nas liças do amor. Sempre, porém, que os troianos alcançavam uma vitória, Menelau não valia coisa alguma. Olhavas sempre para a Fortuna e fazias questão de ficar sempre do seu lado. Não simpatizavas com o lado da virtude. Além disso, falas que tentaste escapar às escondidas, estendendo cordas do alto das torres, como se estivesses aqui contra a vontade. Quando, dize-me, foste apanhada pondo um laço no pescoço ou empunhando uma espada? No entanto, seria isso que faria uma mulher nobre que tivesse saudade do antigo esposo. O fato é que constantemente eu te dizia: "Vai-te embora, minha filha. Meus filhos encontrarão outras noivas, e eu a farei ser levada secretamente aos navios aqueus. Põe fim a esta luta entre nós e os gregos." Não o quiseste, porém. Por quê? Porque te glorificavas e te regalavas no palácio de Alexandre, porque sentias prazer em receber a adoração dos bárbaros. (Isso, para ti, era grandeza). E, depois de tudo isso, te atavias e sais, enfrentando a luz do dia, ao lado de teu marido. Ó abominação! Deverias estar te arrastando esfarrapada e andrajosa, tremendo de medo, com os cabelos raspados; a modéstia atenuaria mais do que a impudência o teu passado pecaminoso.

Menelau, eis a culminação dos meus argumentos: coroa a Grécia de honra e faze justiça, matando esta mulher. E faze disso lei para todas as outras mulheres: a que trair o marido tem que morrer.

CHEFE: Menelau, sê digno de teus antepassados e de tua casa. Pune tua esposa. Provaste tua qualidade aos troianos; protege-te contra as línguas da Grécia contra a acusação de complacência conjugal.

MENELAU: Chegastes à mesma conclusão que cheguei, que ela voluntariamente deixou meu lar por um leito estranho; Cípris foi introduzida em sua argumentação para fazê-la parecer boa. *(A Helena)* Caminha, para os apedrejadores; morre, e expia em um instante os anos de labuta dos aqueus. Aprenderás a não desonrar-me.

HELENA: Não me mates, peço-te pelos teus joelhos, não me culpes pelos males que vieram do céu. Perdoa-me.

HÉCUBA: Também há os teus aliados que ela matou; não os atraiciones. Suplico-te, em nome deles e de seus filhos.

MENELAU: Não digas mais nada, velha; não lhe dedico um pensamento. Ordeno meus serviçais que a levem para os navios em que ela viajará.

HÉCUBA: Não a ponhas no mesmo navio em que estejas.

MENELAU: O que estás querendo dizer? Ela ficou mais pesada do que era?

HÉCUBA: Amante algum jamais perde os seus encantos.

MENELAU: Isso depende da disposição do amado. Mas teu desejo será satisfeito. Ela não será embarcada no mesmo navio que eu. E, quando chegar a Argos, a encontrará a cidade vazia, uma cidade vil para uma vil mulher, e ela ensinará todas as mulheres a serem castas. Não será uma tarefa fácil, sem dúvida, mas a sua morte levará um santo temor aos corações libidinosos, mesmo se forem ainda mais detestáveis que o seu.

*(Sai Menelau com Helena.
Hécuba deita-se).*

CORO: Assim nos entregaste aos aqueus, ó Zeus, abandonaste o templo de Ílion com seus altares e o incenso, as quentes hóstias e o ar cheio do perfume da mirra queimada; afastastes do santo Pérgamo, dos valezinhos cobertos de hera do Ida, onde correm as torrentes engrossadas com a neve, do Ida onde termina o firmamento, o lugar sagrado que recebe o brilho dos primeiros raios do Sol.

Foram-se os sacrifícios e os cânticos joviais dos dançarinos; foram-se as festividades dos deuses na escuridão da noite, foram-se as imagens esculpidas em ouro. As luas da Frígia já não contemplam os Festivais dos Doze Pães. Imagino, ó Senhor, imagino se pensas em tais coisas, sentado em teu trono eterno no céu, enquanto a minha cidade perece, destruída pelas chamas vorazes.

Ó meu querido, ó meu esposo, vagas no mundo dos mortos, insepulto, não purificado, enquanto tenho de atravessar os mares nas asas do veloz navio de Argos, terra de cavalos, onde os homens habitam as altíssimas muralhas de pedra que os ciclopes construíram. Nas portas, uma multidão de crianças se agarra às saias das mães, chorando e gemendo. Uma jovem exclama: "Minha mãe! Ai de mim! Os aqueus estão me separando de ti, levando-me no sombrio navio; no mar, os remos me levarão, seja para a sagrada Salamis, seja para a ponta do istmo que olha para os dois mares, as portas dos baluartes de Pelops."

Quando o navio de Menelau estiver a meio caminho no mar, oxalá um raio do Egeu, lançado pelas santas mãos de Jove, alcance o meio da sua frota; eis que ele está me levando para longe de Ílion, para a terra do exílio e a dolorosa escravidão na Grécia, enquanto a filha de Zeus toma em suas mãos os espelhos de ouro que as donzelas amam. Oxalá não chegue ele à terra da Lacônia e ao lar e à lareira de seus pais; oxalá jamais veja a cidade de Pitana ou o templo das portas de Bronze; eis que ele levou sua perversa esposa, que trouxe vergonha para a grande Hélade e sofrimento para as margens do Simoente.

*(Chegam Taltíbio e seus homens com
o corpo de Astianax).*

Oh! oh! Eis novos horrores, sucedendo-se aos horrores ainda novos para a nossa terra. Desventuradas esposas dos troianos, aqui vedes o corpo de Astianax, que os dânaos mataram, atirando-o (ó crueldade!) do alto dos baluartes.

TALTÍBIO: Hécuba, um navio partiu; os seus remos estão levando o resto da presa de Neoptolemo para as praias da Ptia. Ele já se fez ao mar, tendo ouvido a notícia da recente desventura que atingiu Peleu. Dizem que Acasto, filho de Pélias, o expulsou de sua terra. Isso sobrepujou em Peleu qualquer interesse em permanecer aqui. Assim, ele partiu, e Andrômaca com ele. Quando ela partiu, muitas lágrimas me desceram dos olhos, vendo-a chorar por sua pátria e dizer adeus ao túmulo de Heitor. Ela pediu a Neoptolemo para que fosse sepultado este corpo, filho de teu Heitor, que perdeu a vida quando foi atirado do alto da muralha. Ela também lhe pediu que não levasse para Ptia este escudo de bronze, o terror dos aqueus, com que o pai do menino costumava proteger o corpo, a fim de que ele não fosse colocado (seria doloroso contemplá-lo) no mesmo aposento em que ela estiver; mas que servisse como ataúde no funeral de seu filho. Eis que ela tinha que partir e a pressa de seu senhor a impediu de sepultar o próprio filho. Assim, logo que tenhas vestido o corpo, nós o cobriremos com terra e partiremos.

Não deves perder tempo na execução da tarefa que te está destinada. Há um trabalho de que te poupei. Quando atravessei o Escamandro vindo para cá, tomei o cadáver e lavei seus ferimentos. Vou agora abrir a cova para o seu sepultamento. Nós dois, compartilhando o trabalho, pouparemos tempo e permitiremos que o nosso parta de volta o mais depressa possível.

HÉCUBA: Põe no chão o escudo de Heitor. Seu ornado formato é, para os meus olhos, uma visão bem triste e bem querida.

Ó aqueus, nos quais as proezas na guerra superam a sabedoria, por que tivestes medo desta criança e ajuntastes assassínios a assassínios? Tivestes medo de que ele, algum dia, pudesse reerguer Troia destruída? Sois, então, covardes, afinal de contas. A nossa cidade foi tomada, a Frígia destruída, e, no entanto, tendes medo de uma criança, uma criancinha, embora mesmo as vitórias de Heitor e milhares de homens valorosos não pudessem impedir o nosso destino. Não posso conceber um temor que não está baseado na razão.

Ó queridíssimo filho, que uma morte dolorosa arrebatou! Se tivesses morrido em defesa de tua cidade, se tivesses gozado a juventude e o matrimônio, e o poder real que torna os homens deuses, terias sido feliz, se é que há felicidade em tais coisas. No entanto, meu filho, a tua vida não conheceu essas alegrias, mas apenas as avistou; não tiraste proveito do parentesco que era a tua herança. Pobre menino, que morte trágica! Tuas próprias muralhas ancestrais, os baluartes de Lóxias, cortaram as madeixas que tua mãe acariciava e beijava. De teu crânio esmagado (perdoa-me) a morte arreganha os dentes. Ó braços tão doces, para mim tão semelhantes aos de teu pai, pendeis agora afrouxos e sem vida. Ó querida boca, não existes mais, com todo o teu balbuciar. Não é verdade que costumavas dizer-me, subindo ao meu leito: "Mãe, cortarei uma grande madeixa de meus cabelos e levarei muitos de meus amigos ao teu túmulo e me despedirei de ti saudosamente." As coisas, porém, são diferentes; sou eu, a velha desvalida, sem pátria, sem filhos, que enterro o teu pobre cadáver. Ai de mim! Todos os meus beijos, todos os meus cuidados, todas as noites em claro foram inúteis. Que verso será escrito no teu túmulo? "Neste sepulcro jaz um menininho, que os gregos mataram porque estavam com medo." Uma inscrição que há de trazer o rubor da vergonha às faces dos gregos. De qualquer maneira, embora tenhas perdido o teu patrimônio, ainda tens o escudo de bronze de teu pai para com ele seres enterrado.

Ó escudo que protegeste os braços vigorosos de meu Heitor perdeste o herói que te conduzia. Como é doce ver em tua alça a marca do braço de Heitor e tua borda que foi respingada pelo suor de Heitor, quando, com o queixo apoiado no escudo, travou tantos combates. Vamos, lancemos mão de tudo que temos para o enterramento decoroso deste pobre cadáver. Nas circunstâncias que os deuses nos impuseram, não podemos visar ao esplendor. Mas tudo que tenho podes levar.

É louco o mortal que deposita a sua felicidade na expectativa de um bem-estar duradouro. A fortuna é um fantasma fugidio, que ora toma uma direção, ora outra. O êxito não depende do homem.

CHEFE: Olha, eis as tuas mulheres trazendo em seus braços, das ruínas de Troia, adornos para envolverem o cadáver.

HÉCUBA: Ó meu filho, não para um triunfo, conquistado sobre os teus companheiros com um carro de corrida ou com o arco, nos honrosos exercícios da Frígia, a mãe de teu pai te traz estes pobres ornamentos; melhor ela não podia esperar da riqueza que foi outrora tua. Agora, a maldita Helena dela te privou e destruiu tua vida e arruinou inteiramente toda a sua casa.

CORO: Ah! tu me comoves. Ah! tocas meu coração. Oh! o poderoso que perdi, o príncipe da minha terra, não mais!

HÉCUBA: As vestes, orgulho da Frígia, que deverias usar no dia de tuas núpcias, quando desposarias a mais orgulhosa princesa da Ásia, agora coloco em teu corpo. E tu, caro escudo de Heitor, mãe de triunfos inumeráveis, pela glória das vitórias passadas recebe esta grinalda. Escudo imortal, morrerás com os mortos. Mereces muito mais ser honrado do que a armadura de Odisseus, sábio somente em sua malvadez.

PRIMEIRA PARTE DO CORO: Ai de mim! Quanta amargura...

SEGUNDA PARTE DO CORO: Ó criança, a terra te receberá.

PRIMEIRA PARTE: ... para lamentares, ó mãe.

HÉCUBA: Ai de mim!

SEGUNDA PARTE: Este é o Cântico dos Mortos.

HÉCUBA: A minha dor!

PRIMEIRA PARTE: Muita dor, em verdade. Terrível é o teu sofrimento.

HÉCUBA: Com ataduras agirei como médico para os teus ferimentos, um triste médico que não sabe curar. Quanto ao resto, teu pai cuidará de ti, entre os mortos.

CORO: Esmurra, esmurra tua cabeça. Faze soarem as pancadas das mãos. Ai de mim! Ai de mim!

HÉCUBA (*olhando fixamente para o céu*): Ó queridas mulheres...

(*Grita, arrebatada, bem alto*).

CORO (alarmado): *Hécuba, o que se passa contigo, que significa este grito?*

HÉCUBA *(como se saísse de um transe)*: No céu... nada há ali para nós... somente os meus sofrimentos... somente o ódio a Troia, a mais odiada das cidades. Em vão sacrificamos as hecatombes. Se ao menos os deuses nos tivessem levado... nos afundado debaixo da terra... desaparecidas... desconhecidas...

Ide, pois, enterrai o corpo em seu maldito túmulo. Já recebeu o que é devido ao Inferno. Acho que faz pouca diferença para os mortos honrá-los com ricos rituais. São os vivos que dão importância a tais vaidades.

(O cortejo parte).

CORO: Oh! Oh! Tua desventurada mãe! A tua morte despedaçou as suas altas esperanças no futuro. Grandemente invejado eras pelo teu nobre nascimento, mas horrível foi a morte pela qual pereceste.

Ah! Ah! O que vejo nas elevações de Ílion, braços sacudindo freneticamente tochas acesas? Alguma nova desventura ameaça cair sobre Troia.

(Entram Taltíbio e soldados).

TALTÍBIO: Vós, capitães que fostes encarregados de incendiar a cidade Príamo, eu vos transmito a ordem. Que as tochas não fiquem mais ociosas em vossas mãos; ateai o fogo. Vamos demolir a cidade de Ílion e depois partiremos, felizes, para os nossos lares.

Quanto a vós, filhas de Troia, tenho duas ordens a dar. As restantes de vós ireis seguir para os navios dos aqueus quando os comandantes do exército fizerem soar a nota estridente da trombeta, e tu, velha Hécuba, a mais infeliz das mulheres, vai com estes homens que Odisseus mandou para que te levassem. A sorte te tornou sua escrava; ele te levará para longe de Troia.

HÉCUBA: Ah! Desgraçada de mim! Chegou afinal, a culminação dos meus martírios. Deixo a minha pátria, a minha cidade é incendiada. Velhas pernas, um esforço! Deixai-me dizer adeus à minha infortunada cidade. Ó Troia, que outrora te ergueste soberba entre os bárbaros, dentro em pouco estarás privada de teu nome e de tua fama. Estão te incendiando e nos levando para a terra da escravidão. Ó deuses! Por que, porém, apelarei para os deuses? No passado, eles não nos deram ouvidos quando invocados. Vamos, corramos à pira; a nossa maior glória será perecer nas chamas em que a nossa pátria perece.

TALTÍBIO: Coitada, o teu sofrimento está te transtornando. *(Aos soldados).* Vamos, levai-a. Não façais cerimônia. Temos de entregar a Odisseus a sua presa e deixá-la em suas mãos.

HÉCUBA: Ai de mim! Ai de mim! Filho de Crono, Senhor da Frígia, pai de nosso povo, vês como nos tratam, como ultrajam a estirpe de Dardano?

CORO: Ele vê, mas a cidade, a grande cidade, já não é cidade, caiu. Troia está morta.

HÉCUBA: Ai de mim! Ai de mim! Ai de mim! Ílion está em chamas; o fogo consome a cidadela, os telhados da cidade, o alto das muralhas!

CORO: Como a fumaça que sobe ao céu nas asas do vento, a nossa pátria, a nossa pátria vencida, perece. Os seus palácios são derrubados pelas chamas ferozes e as lanças assassinas.

HÉCUBA: Ó terra em que cresceram meus filhos!

CORO: Ah! Ah!

HÉCUBA: Escutai, meus filhos, ouvi a voz de vossa mãe.

CORO: Invocas os mortos com lamentações.

HÉCUBA: Sim, eu os chamo, enquanto estendo os membros cansados no chão e esmurro a terra com as duas mãos.

CORO: Também nós nos ajoelhamos na terra e chamamos nossos maridos no mundo dos mortos.

HÉCUBA: Somos levadas, somos arrastadas...

CORO: Doloroso, doloroso é o teu pranto.

HÉCUBA: ... para os paços onde seremos escravas.

CORO: Bem longe de nossa terra.

HÉCUBA: Ó Príamo, Príamo, morto, insepulto, abandonado, no entanto não tens consciência do meu destino.

CORO: Sim, pois as trevas envolveram os seus olhos, as trevas da abençoada morte, embora malditos sejam os seus assassinos.

HÉCUBA: Ó templos dos deuses, ó cidade do meu amor...

CORO: Ah! Ah!

HÉCUBA: ... as chamas mortais vos atingiram, e as lanças da batalha.

CORO: Dentro em pouco cairás, a nossa querida terra te cobrirá e teu nome desaparecerá.

HÉCUBA: E o pó, como a fumaça, voando para o céu, esconderá a vista de meu lar.

CORO: O nome da terra cairá em esquecimento. Uma coisa atrás da outra, tudo desaparece. A desventurada Troia acabou.

(A cidadela se desmorona).

HÉCUBA: Vistes, ouvistes?

CORO: O ruído da cidadela se desmoronando.

HÉCUBA: Ruínas, ruínas por toda a parte...

CORO: As ruínas cobrirão a cidade.

(Soam trombetas).

HÉCUBA: Ah! Minhas trêmulas pernas, conduzi-me em meu caminho. Convosco, pobres pernas, rumo à escravidão para o resto da vida.

CORO: Ah! desventurada cidade! Mas ainda... para a frente, pés, para os navios dos aqueus que nos esperam.

(Saem).

DIREÇÃO EDITORIAL
Daniele Cajueiro

EDITORA RESPONSÁVEL
Ana Carla Sousa

PRODUÇÃO EDITORIAL
Adriana Torres
Laiane Flores
Anna Beatriz Seilhe

REVISÃO
Mariana Fontes
Thiago Braz

CAPA
Sergio Campante

PROJETO GRÁFICO DE MIOLO
E DIAGRAMAÇAO
Adriana Moreno

Este livro foi impresso em 2021
para a Nova Fronteira.